Inhalt

100% ÜBERSICHTLICH	4
HOTELS	8
UNTERWEGS	14
SPAZIERGANG 1: QUIRINAL, TREVI-BRUNNEN & PANTHEON	16
SPAZIERGANG 2: VILLA BORGHESE, SPAGNA & PIAZZA DEL POPOLO	36
SPAZIERGANG 3: VATIKAN, PRATI & PIAZZA NAVONA	56
SPAZIERGANG 4: CAMPO DE' FIORI, GHETTO & TRASTEVERE	76
SPAZIERGANG 5: TERMINI, MONTI & FORI IMPERIALI	96
SPAZIERGANG 6: FORUM ROMANUM, AVENTIN & TESTACCIO	116
WEITERE SEHENSWÜRDIGKEITEN	136
AUSGEHEN	140
INDEX	142

100% übersichtlich

Erleben Sie 100% Rom auf sechs Spaziergängen. Jedes Kapitel im 100% Cityguide ist einem Spaziergang gewidmet. Am Kapitelende gibt es eine Karte mit der Kurzbeschreibung des Spaziergangs. Auf der Karte in der vorderen Umschlagklappe sehen Sie die drei Kartenausschnitte im Überblick. Dort finden Sie anhand der Buchstaben (A) bis (Z) alle Hotels sowie die Sehenswürdigkeiten und Ausgehtipps, die nicht auf einem der Spaziergänge liegen.

In den sechs Kapiteln beschreiben wir ausführlich, welche Sehenswürdigkeiten Sie auf den Spaziergängen entdecken können und wo man gut essen, trinken, shoppen, feiern und relaxen kann. Alle Adressen sind mit einer Nummer (1) gekennzeichnet, die Sie im Stadtteilplan am Ende des Kapitels wiederfinden. An der Farbgebung der Nummer können Sie erkennen, zu welcher Kategorie die jeweilige Adresse gehört:

- 🔴 Sehenswürdigkeiten
- 🔵 Essen & Trinken
- 🟣 Shoppen
- 🟢 Rom live

SECHS SPAZIERGÄNGE

Zu jedem Kapitel gehört ein Spaziergang, der – ohne Besuch der genannten Adressen – ungefähr drei Stunden dauert. Die Länge der Strecke (in km) finden Sie über der Wegbeschreibung und auf den einzelnen Stadtteilplänen sehen Sie den genauen Verlauf der Route. Die Beschreibung neben dem Stadtplan führt Sie entlang der Sehenswürdigkeiten zu den schönsten Adressen. So entdecken Sie fast nebenbei die besten Shopping-Gelegenheiten, die nettesten Restaurants und die angesagtesten Cafés und Bars. Wer irgendwann keine Lust mehr hat, der Route zu folgen, kann aufgrund der Tipps und Pläne auch wunderbar auf eigene Faust Entdeckungen machen.

PREISANGABE BEI HOTELS UND RESTAURANTS

Um Ihnen eine Vorstellung von den Preisen in den Hotels und Restaurants zu geben, finden Sie bei den Anschriften stets auch die Preise. Die Angaben für Hotels beziehen sich auf ein Doppelzimmer mit Frühstück pro Nacht, es sei denn, es ist etwas anderes angegeben. Die Angaben für die Restaurants nennen – wenn nicht anders verzeichnet – den Durchschnittspreis eines Hauptgerichts.

1 0 0 % R O M

SPAZIERGANG 1: QUIRINAL, TREVI-BRUNNEN & PANTHEON
Der Quirinal ist einer der sieben Hügel in Rom. Auf ihm liegt der Präsidentenpalast, der symbolisch auf die Stadt blickt. Der Trevi-Brunnen, in den Sie eine Münze werfen sollten, ist ganz in der Nähe. In den vielen kleinen Straßen rund um das Pantheon kommen Eis- und Kaffeeliebhaber voll auf ihre Kosten.

SPAZIERGANG 2: VILLA BORGHESE, SPAGNA & PIAZZA DEL POPOLO
Im grünen Stadtpark Villa Borghese können Sie viele schöne Dinge entdecken wie das kleinste Kino der Welt und einen Zoo. Ganz in der Nähe befindet sich die Spanische Treppe. In den kleinen Straßen ringsum gibt es viele Läden, und auch die schicke Einkaufsstraße Via dei Condotti lädt zum Shopping ein.

SPAZIERGANG 3: VATIKAN, PRATI & PIAZZA NAVONA
Vatikanstadt oder Vatikan wird Sie beeindrucken. Die Aussicht von der Kuppel des Petersdoms ist einzigartig. Durchqueren Sie das schicke Viertel Prati, um am anderen Ufer des Tibers zur Piazza Navona zu gelangen. Hier herrscht, vor allem dank der vielen Straßenkünstler, eine ganz besondere Atmosphäre.

SPAZIERGANG 4: CAMPO DE' FIORI, GHETTO & TRASTEVERE
Auf dem Campo de' Fiori ist immer was los: Morgens findet ein Markt statt, und es gibt viele Läden und Bars. Im jüdischen Viertel können Sie die echte jüdisch-römische Küche probieren. In Trastevere findet jeder abends etwas nach seinem Geschmack.

SPAZIERGANG 5: TERMINI, MONTI & FORI IMPERIALI
In den prachtvollen Museen rund um den Hauptbahnhof ist die Antike noch allgegenwärtig. Esquilin wird von der Basilica Santa Maria Maggiore beherrscht. Monti, das einstige Arbeiterviertel, ist zum In-Viertel avanciert und beherbergt zahlreiche Weinbars. Sehenswert sind auch die Kaiserforen und das Kolosseum.

SPAZIERGANG 6: FORUM ROMANUM, AVENTIN & TESTACCIO
Schlendern Sie über den einst pulsierenden Platz des antiken Rom und stellen Sie sich die Streitwagen auf dem Circus Maximus vor. Über den Hügel Aventin erreichen Sie das Arbeiterviertel Testaccio, das bei Weitem nicht so touristisch ist wie die Altstadt. Hier finden Sie Überraschendes wie eine Pyramide und Typisches wie die echte römische Küche.

1 0 0 % R O M

Rom, die Ewige Stadt, ist fast 2800 Jahre alt. Es gibt so viel zu sehen und zu erleben – wo soll man da anfangen? Natürlich möchten Sie das Kolosseum besichtigen, die Spanische Treppe und den Vatikan entdecken und auch durch die verwinkelten Gassen der Altstadt schlendern. Sie wollen sicher das alte Rom und das Forum Romanum kennenlernen, durch schattige Parks spazieren, auf einer Terrasse einen Espresso genießen, Wein aus Lazio auf einer Piazza trinken, die echte römische Küche und ausgefallene Eissorten probieren oder einen Blick in versteckte Läden werfen. 100% Rom zeigt Ihnen, was Sie auf keinen Fall verpassen sollten. Sightseeing & Shopping, Ausgehen & Abenteuer – die übersichtlichen Stadtpläne weisen Ihnen den Weg.

AUF 6 SPAZIERGÄNGEN 100% ROM ERLEBEN!

RÖMISCHE GEWOHNHEITEN

Die Römer haben eine andere Auffassung von Pünktlichkeit als wir. Entspannen Sie sich also und regen Sie sich nicht auf über fehlende Fahrpläne, über Lokale, die später öffnen als angegeben, oder Museen, die früher schließen.

Essen spielt im Leben eines Italieners eine wichtige Rolle. Die Römer essen im Allgemeinen später, als wir es gewohnt sind. Mittagessen gibt es zwischen 13 und 15 Uhr, und abends kann man ab 20 Uhr in Touristen-Restaurants essen. Vermeiden Sie Restaurants, in denen Ober Sie auf der Straße ansprechen, und gehen Sie lieber in eine römische Trattoria oder eine Osteria. Das sind Familienrestaurants ohne viel Tamtam. Die Römer mögen keine Veränderungen, darum gibt es auch nur wenige Szenelokale. In den angesagten Restaurants geht es vor allem darum, zu sehen und gesehen zu werden, und weniger um das gute Essen. Natürlich gibt es hier auch Ausnahmen, aber wählen Sie lieber Neonbeleuchtung und Papiertischdecken. Eine *enoteca* ist eine Weinbar, in der es auch Häppchen und kleine Mahlzeiten gibt. Ein richtiges Menü gibt es in einem *ristorante*: schick und mit einer Bedienung, auf die Sie anderswo nur hoffen können. Auf der Rechnung steht oft ein Betrag für *coperto* (Gedeck) oder *pane* (Brot), meistens 2 bis 3 Euro pro Person. Sie müssen dann kein Trinkgeld mehr geben, außer die Bedienung war wirklich sehr gut. Wenn dieser Betrag nicht auf der Rechnung steht, geben Sie rund zehn Prozent Trinkgeld.

Die römische Küche ist berühmt für ihre einfachen Nudelgerichte wie *pasta alla gricia* (mit Schwein) oder *cacio e pepe* (mit Käse und schwarzem Pfeffer) sowie für ihre frittierten Spezialitäten wie gefüllte Zucchiniblüten oder für *baccalà* (Stockfisch) und herzhaftes Fleisch wie Lammhaxe oder Ochsenschwanz.

Die Römer frühstücken nicht viel: Meistens bestellen sie nur einen Cappuccino und ein *cornetto* (Croissant) in einem Café. Hier bezahlt man erst an der Kasse und geht dann mit dem Bon an die Bar. Innerhalb von zwei Minuten ist das geregelt. Die Bedienung am Tisch ist teurer.

Die enorme Weinproduktion des Landes lässt anderes vermuten, aber der Alkoholkonsum der Italiener hält sich sehr in Grenzen. Zum Essen gibt es ein wenig Wein und davor ab und an einen Aperitif. Nach einer schweren Mahlzeit lassen die Italiener sich gerne einen Digestif wie Grappa, Limoncello oder einen Kräuterlikör schmecken.

GUT ZU WISSEN

Die meisten Geschäfte schließen in der Mittagszeit, d. h. zwischen 13.30 und 15 Uhr, und sind sonntags und montagmorgens zu. Etliche Geschäfte und Restaurants sind im August geschlossen (*chiuso per ferie*). Im Zentrum der Stadt sind nur wenige Läden mit heruntergelassenen Rollgittern zu sehen, aber außerhalb umso mehr. Mancherorts kann es sogar gespenstisch ruhig werden. Im Museum schließen die Kassen oft bereits eine Stunde bevor das Museum offiziell zumacht. Sind Sie unter 18 oder Student unter 26? Dann nehmen Sie Ihren Ausweis bzw. Studentenausweis mit. Wenn Sie diesen vorzeigen, bekommen Sie Ermäßigung. Seit Juli 2014 hat sich in den Museen Italiens einiges geändert. Zahlten Senioren über 65 bislang nichts für den Eintritt, müssen sie heute den vollen Preis berappen. Als Ausgleich gibt es jetzt zweimal pro Jahr eine Museumsnacht, in der man alle Museen für jeweils 1 Euro besuchen kann. Darüber hinaus ist der Eintritt am jeweils ersten Sonntag des Monats in allen Museen kostenlos. Ein weiterer Vorteil: Die Topsehenswürdigkeiten wie das Kolosseum sind freitags bis 22 Uhr geöffnet.

Wer eine Kirche besichtigen möchte, sollte sich entsprechend kleiden. Nehmen Sie an warmen Sommertagen ein dünnes Tuch mit, um Ihre nackten Schultern zu bedecken. Auch mit allzu kurzen Hosen oder Röcken dürfen Sie nicht in die Kirche. Ein knielanges Kleidungsstück reicht aber meistens.

GESETZLICHE FEIERTAGE

Neben dem Ostermontag, der von Jahr zu Jahr auf einen anderen Tag fällt, gibt es die folgenden gesetzlichen Feiertage:

1. Januar	Neujahr
6. Januar	Heilige Drei Könige (La Befana)
25. April	Befreiungstag
1. Mai	Tag der Arbeit
2. Juni	Fest der Republik (Festa della Repubblica)
15. August	Mariä Himmelfahrt
1. November	Allerheiligen
8. Dezember	Mariä Empfängnis
25. Dezember	erster Weihnachtstag
26. Dezember	zweiter Weihnachtstag (Santo Stefano)

HABEN SIE NOCH TIPPS?

Wir haben diesen Reiseführer mit großer Sorgfalt zusammengestellt. Da das Angebot an Geschäften und Restaurants in Rom jedoch regelmäßig wechselt, kann es sein, dass eine Empfehlung nicht mehr existiert. Besuchen Sie in diesem Fall oder wenn Sie andere Anmerkungen oder Fragen zu diesem 100% Cityguide haben, unsere Webseite *www.100travel.de/rom* oder schreiben Sie uns an *info@momedia.com*. Wir freuen uns über Ihre Hinweise, neue Tipps und natürlich auch Fotos. Posten Sie diese gerne auf unserer facebook fanpage: *facebook.com/100travel*.

Last but not least möchten wir noch bemerken, dass keine der vorgestellten Adressen für ihre Erwähnung bezahlt hat, weder für den Text noch für die Fotos. Alle Texte wurden von einer unabhängigen Redaktion geschrieben.

Hotels

Im Zentrum von Rom gibt es viele kleine Familienhotels sowie luxuriöse Hotels in historischen Gebäuden. Die Zimmerpreise sind sehr hoch und die Preisunterschiede zwischen Hoch- und Nebensaison sind enorm. Wer nicht allzu tief in die Tasche greifen möchte, sollte lieber in der Nebensaison kommen oder im Internet nach Angeboten suchen. Die meisten Hotels befinden sich in der Nähe von Termini, vom Hauptbahnhof. Diese sind nicht immer besonders attraktiv oder gastfreundlich, aber es gibt Ausnahmen. Die großen Hotelketten liegen oft in der Nähe des Flughafens oder außerhalb der Stadt. Die kleineren Hotels können etwas chaotisch sein, aber sie besitzen oft ihren eigenen Charme und sind meistens gut gelegen. Vergewissern Sie sich immer, dass das Frühstück im Preis mit inbegriffen ist, das entspricht in Italien nicht der Norm. Eine andere Möglichkeit ist es, für Ihren Besuch ein Bed & Breakfast oder ein Appartement zu buchen.

Nachfolgend sind unsere Lieblingshotels aufgeführt. Die Buchstaben der Hotels finden Sie auf der Übersichtskarte vorn im 100% Cityguide.

GÜNSTIGE PREISKLASSE

(A) **The Beehive** ist ein einfaches Eco-Hotel und befindet sich direkt hinter dem Hauptbahnhof (Termini). Neben einem Schlafsaal verfügt es über Einzel- und Doppelzimmer, die Badezimmer werden allerdings oft gemeinsam benutzt. Die amerikanischen Besitzer Steve und Linda legen Wert auf Umweltfreundlichkeit. Daher gibt es im Frühstückscafé nur biologisches und vegetarisches Essen. Tipp: Das Haus hat einen sehr gemütlichen Garten.
via marghera 8, termini, www.the-beehive.com, telefon: 06 44704553, preis: schlafsaal 20-30 €, zimmer 60-100 €, u-bahn: termini

(B) Das **Colors Hotel** liegt in einer schicken Gegend, nur fünf Gehminuten vom Vatikan entfernt. Das gemütliche, farbenfroh eingerichtete Hotel bietet Zimmer zu Preisen, die auch Menschen mit schmalem Geldbeutel zahlen können. Wer für drei Nächte oder mehr eincheckt, wird mit einer Flasche Wein auf dem Zimmer begrüßt. Auch das Mineralwasser aus der Minibar ist kostenlos.
via boezio 31, prati, www.colorshotel.com, telefon: 06 6874030, preis: 30-120 €, u-bahn: ottaviano oder lepanto, bus: piazza del risorgimento

HOTEL GIULIO CESARE Ⓖ

MITTLERE PREISKLASSE

Ⓒ Mitten im historischen Zentrum befindet sich **La Piccola Maison**, ein kleines elegantes Hotel mit schlichter Einrichtung. Die weißen und beigen Farben wirken entspannend, und das ist angenehm, wenn Sie sich mitten im geschäftigen Rom befinden. Viele Sehenswürdigkeiten liegen in der Nähe.
via dei cappuccini 30, barberini, www.lapiccolamaison.com, telefon: 06 42016331, preis: 70-200 €, u-bahn: barberini, bus: via veneto

Ⓓ Das **Albergo del Sole al Biscione** ist das älteste Hotel der Stadt und umfasst vier verwinkelte Stockwerke mit diversen Terrassen. Die Zimmer für maximal vier Personen sind einfach eingerichtet, aber sehr gepflegt.
via del biscione 76, historisches zentrum, www.solealbiscione.it, telefon: 06 68806873, preis: 100-145 €, bus & straßenbahn: largo di torre argentina, bus: corso vittorio emanuele II

Ⓔ Das **Daphne Inn** ist viel mehr als nur ein Ort, um zu schlafen. Das macht sich vor allem beim Service bemerkbar: Das Personal spricht gut Englisch und Sie erhalten eine Menge Tipps für Sehenswürdigkeiten und können Restaurants und Museen im Voraus reservieren lassen. Sogar ein Handy bekommen Sie mit auf den Weg. Die Zimmer sind modern und ruhig, und das Frühstücksbüffet ist ganz unitalienisch mit einer großen Auswahl an Speisen. Die Suiten eignen sich für Familien.
via di san basilio 55, barberini, www.daphne-rome.com, telefon: 06 87450086/7, preis: 100-220 €, u-bahn: barberini

Ⓕ Wer sich im **Relais Rome Sweet Home Trastevere** einquartiert, wird vom gut gelaunten Paolo persönlich zum Zimmer begleitet. Das Frühstück wird frühmorgens leise vor die Tür gestellt, während Sie noch schlummern. Einige Zimmer sind sogar mit Balkon ausgestattet. Kurz: Ein Haus, in dem man sich wie ein echter Römer fühlt.
viale di Trastevere 70, trastevere, www.relaisromesweethome.it, telefon: 06 58333702, preis: 130-200 €, bus & straßenbahn: viale di trastevere

Ⓖ Das mit vier Sternen dekorierte **Hotel Giulio Cesare** ist in einem Haus aus dem 19. Jahrhundert untergebracht und befindet sich im Besitz der Familie Pandolfi. Für sie ist Ihr Wohlbefinden oberstes Gebot. Die Zimmer liegen alle an einer ruhigen Straße und sind in moderaten Farben gestaltet, die Badezimmer sind mit Marmor oder Keramik ausgestattet. Kinder sind selbstverständlich herzlich willkommen, das Personal hilft gerne bei Ticketreservierungen.
via degli scipioni 287, prati, www.hotelgiuliocesare.com, telefon: 06 3210751, preis: 100-200 €, u-bahn: lepanto

GEHOBENE PREISKLASSE

Ⓗ Ganz in der Nähe des Petersdoms können Sie im **BB360** nächtigen. In dem Bed & Breakfast gibt es nur drei Zimmer und die sind modern und frisch eingerichtet. Der Besitzer bereitet das Frühstück selbst zu – auf Wunsch auf der ruhigen Dachterrasse. Ab und zu spendiert er auch noch einen Aperitif. Super, so eine persönliche Rundumbetreuung!
via silla 2, prati, www.bb360.it, telefon: 346 8167049, preis: 130-200 €, u-bahn: ottaviano

Ⓘ Zwischen den verwinkelten Straßen der Altstadt befindet sich das **Relais Palazzo Taverna** in einem Gebäude aus dem 15. Jahrhundert. Alle Zimmer sind unterschiedlich eingerichtet, immer modern, klassisch und mit auffälligen Tapeten. Natürlich gibt es hier allen Luxus – von der Klimaanlage bis zu Tee und Kaffee auf dem Zimmer.
via dei gabrielli 92, historisches zentrum, www.relaispalazzotaverna.com, telefon: 06 20398064, preis: 100-210 €, bus: via paola oder piazza della chiesa nuova

Ⓙ **The First Hotel** passt perfekt zu all den Galerien in der Umgebung. Wenn Sie gerne in einem luxuriösen Hotel mit minimalistischer und kunstvoller Einrichtung übernachten möchten, sind Sie hier genau richtig. An den Wänden hängen immer wieder neue Werke gegenwärtiger Kunst. Die Suiten sind schallisoliert und einige verfügen über einen Whirlpool oder eine Privatterrasse.
via del vantaggio 14, historisches zentrum, www.thefirsthotel.com, telefon: 06 45617070, preis: ab 300 €, u-bahn: flaminio

THE FIRST HOTEL Ⓙ

Unterwegs

Eine Taxifahrt vom **Flughafen** Leonardo da Vinci (Fiumicino) ins Zentrum kostet 48 Euro, von Ciampino aus bezahlen Sie 30 Euro. Achtung: Dieser Tarif gilt nur in die historische Altstadt. Es gibt an beiden Flughäfen nicht offizielle Taxifahrer, die Touristen betrügen. Steigen Sie darum nur in weiße Autos mit einem Taxameter. Sie können auch mit dem **Shuttlebus** zum Hauptbahnhof (Termini) (*www.sitbusshuttle.it*, *www.terravision.eu*) fahren. Mit dem "Leonardo Express" (**Bahn**) kostet eine Fahrt 14 Euro und zum Bahnhof Trastevere 8 Euro.

Die U-Bahn in Rom umfasst zwei Linien (A und B), die sich am Hauptbahnhof kreuzen und an den wichtigsten Sehenswürdigkeiten vorbeifahren. An der neuen U-Bahn-Linie C wird fleißig gearbeitet, dadurch gibt es regelmäßig einen Ersatzfahrplan für die Linien A und B. Normalerweise fährt die U-Bahn von 5.30 bis 23.30 Uhr (freitags und samstags bis 1.30 Uhr). Mit dem **Bus** erreichen Sie Orte, wo die U-Bahn nicht verkehrt, die Busse sind jedoch oft sehr voll – und es gibt viele Taschendiebe. Mit der U-Bahn und den Bussen 40 und 64 können Sie den größten Teil des Zentrums entdecken. Fahrkarten für U-Bahn, Bus, Straßenbahn und Zug kosten 1,50 Euro und gelten 100 Minuten. Sie müssen Ihre Fahrkarte vor dem Einsteigen abstempeln. Bitte beachten: Solange Sie den Eingangsbereich der U-Bahn nicht verlassen, können Sie die Fahrkarte für mehrere Fahrten nutzen. Die Fahrkarten sind in Tabakläden (*tabacchi*) und an U-Bahn-Stationen erhältlich. Es gibt auch Tageskarten (6 Euro), 3-Tages-Karten (16,50 Euro) und 7-Tages-Karten (24 Euro). Zwischen Mitternacht und 5 Uhr fahren **Nachtbusse**. Mehr Infos finden Sie auf: *www.atac.roma.it*.

Für 34 Euro können Sie mit dem **Roma Pass** drei Tage lang alle öffentlichen Verkehrsmittel in der Stadt benutzen und obendrein zwei Museen besuchen. Erhältlich ist er bei allen Touristeninformationen, den teilnehmenden Museen und einigen U-Bahn-Stationen. Mehr Informationen unter *www.romapass.it*.

Taxis dürfen nicht auf der Straße anhalten, sondern müssen an einer Taxihaltestelle auf Kunden warten. Bitte darauf achten, dass der Fahrer das Taxameter anschaltet. Wenn Sie Gepäck bei sich haben, zahlen Sie mehr, ebenso nach 22 Uhr und an Sonn- und Feiertagen, der Basistarif beträgt dann 5 Euro. Trinkgeld ist nicht nötig. Unter Tel. (0039) 06 3570 können Sie ein Taxi bestellen.

Wenn Sie sich trauen, können Sie sich ein **Moped** leihen (ca. 40 Euro pro Tag). Sie müssen einen Führerschein besitzen und einen Helm tragen. Gehen Sie zum Beispiel zu Treno & Scooter auf der Piazza del Cinquecento, vor dem Hauptbahnhof (Termini) (*www.trenoescooter.com*).

Unter der Woche finden viele Leute es zu gefährlich, um **Fahrrad** zu fahren, aber sonntags ist es ruhiger, und einige Teile der Stadt sind sogar autofrei. Am Tiberufer gibt es einen 25 Kilometer langen Fahrrad- und Wanderweg. Fahrräder können Sie bei Treno & Scooter leihen. Informationen über Fahrradwege in Rom finden Sie auf *www.biciroma.it*. Sonntags dürfen Sie Ihr Fahrrad im ersten Waggon der U-Bahn und im Zug von Rom nach Lido (am Meer) mitnehmen. Roma'n Bike ist eine gute Alternative für alle, denen die Altstadt als Fahrradzone reicht.

Quirinal, Trevi-Brunnen & Pantheon

Politik, Religion und La Dolce Vita

In Rom verliert man schnell den Überblick: An fast jeder Straßenecke steht eine Kirche, ein Palast oder ein Museum. Logisch, denn Rom ist nicht nur das Zentrum des alten Römischen Reiches und Sitz der katholischen Kirche, sondern auch die Hauptstadt Italiens. Das sieht man sofort, wenn man sich dem Quirinal, einem der sieben Hügel Roms, nähert. Auf seiner Spitze steht der prächtige Präsidentenpalast, der symbolisch über die Stadt wacht.

Wenn Sie eine Münze in den Trevi-Brunnen werfen, dann kommen Sie nach Rom zurück. Ob Märchen oder nicht, Scharen von Touristen gehen lieber auf Nummer sicher. Abends ist der Brunnen übrigens fantastisch beleuchtet.

Eine schöne Einkaufspassage finden Sie an der Piazza Colonna. Die Galleria Alberto Sordi ist ein Muss für alle Shoppingfans und Jugendstilfreunde. Etwas weiter kann man die imposante Kunstsammlung der namhaften Familie Pamphilj bewundern, die nach wie vor den gleichnamigen Palazzo bewohnt.

1

Rund um das Pantheon, das zu den am besten erhaltenen Bauwerken des alten Rom gehört, reihen sich unzählige Läden und Trattorien aneinander. In den nicht immer zeitgemäß eingerichteten Traditionslokalen servieren schwarz-weiß gekleidete Kellner seit Jahrzehnten typische Spezialitäten wie *pasta all'amatriciana*. Auch eine Kaffeepause können Sie hier wunderbar einlegen, denn die zwei ältesten und gleichzeitig berühmtesten Kaffeebars liegen in einem Abstand von nur einigen Hundert Metern ganz in der Nähe.

Am besten erkunden Sie diesen Stadtteil, indem Sie in das Labyrinth der schmalen, verwinkelten Gassen eintauchen. Ab und zu werden Sie sich bestimmt verlaufen, aber genau das gehört dazu. In vielen Straßen können Sie noch traditionellen Handwerkern – wie Tischlern – bei der Arbeit zuschauen. Auch Antiquitätenläden sind hier überall zu finden. Vielleicht treffen Sie sogar einen italienischen Politiker, denn der Palazzo Montecitorio, in dem das italienische Parlament seinen Sitz hat, liegt gleich um die Ecke.

6 Insider-Tipps

Santa Maria della Concezione

In die Krypta hinabsteigen.

Pantheon

Durch die Öffnung im Dach einen Blick in den Himmel werfen.

Trevi-Brunnen

Eine Münze über die Schulter werfen und nach Rom zurückkehren.

Giolitti

Anstehen, um hausgemachtes Eis zu kosten.

Cartoleria Pantheon dal 1910

Mal wieder eine Postkarte schicken.

Minerva Roof Garden

Die himmlische Aussicht genießen.

- **Sehenswürdigkeiten**
- **Shoppen**
- **Essen & Trinken**
- **Rom live**

Sehenswürdigkeiten

① Die Kirche **Santa Maria della Concezione** verfügt über einen Grabkeller, dessen Decken und Wände mit den Knochen von 4000 Mönchen "verziert" sind. Einige Knochen zeigen christliche Symbole, und es gibt auch vollständige, in Kutten gehüllte Skelette. In der letzten Kapelle lesen Besucher ihre Botschaft: "Was ihr seid, sind wir gewesen; was wir sind, werdet ihr werden."
via vittorio veneto 27, www.cappucciniviaveneto.it, telefon: 06 88803695, geöffnet: täglich 9.00-18.30, eintritt: 6 €, u-bahn: barberini

② Mitten auf der Piazza Barberini steht der **Triton-Brunnen**, den der Bildhauer Bernini 1642 für den Barberini-Papst Urban VIII. entworfen hat. Vier Delfine, die mit einer Trompetenmuschel einen Strahl Wasser hoch in die Luft blasen, tragen eine Muschel, auf der der muskulöse Triton kniet. Unter der Muschel befinden sich einige Bienen: das Wahrzeichen der Familie Barberini.
piazza barberini, u-bahn: barberini

⑥ Der beeindruckende **Palazzo Barberini** wurde im 18. Jahrhundert als Wohnsitz für die einflussreiche Familie Barberini gebaut. Drinnen führt die rechte Tür zu einer kleinen Wendeltreppe, die von Borromini stammt. Die große, breite Treppe hinter der linken Tür schuf sein großer Rivale Bernini. Über diese Treppe kommen Sie in die Galleria Nazionale d'Arte Antica mit Kunstwerken aus dem 16. und 17. Jahrhundert. Auch das berühmte Gemälde der vermeintlichen Geliebten von Raffael, *der Bäckerstochter La Fornarina*, kann hier bestaunt werden. Sie können an einer Führung durch die Privatgemächer der Barberinis teilnehmen, deren Höhepunkt die Fresken in der Sala delle Battaglie sind.
via delle quattro fontane 13, www.galleriaborghese.it, telefon: 06 32810, geöffnet: di-so 8.30-19.00, eintritt: 7 €, u-bahn: barberini

⑦ Am höchsten Punkt der Via delle **Quattro Fontane** stehen die Quattro Fontane, die vier Brunnen, die die Flüsse Tiber und Arno und die Göttinnen Diana und Juno symbolisieren. Auch die Barockkirche San Carlo, Borrominis erstes Alleinprojekt, befindet sich hier. Mit optischen Tricks versuchte Borromini den Eindruck zu erwecken, die Kuppel würde schweben.
via delle quattro fontane, www.sancarlino.eu, telefon: 06 4883261, geöffnet: mo-fr 10.00-13.00 & 15.00-18.00 (im sommer nur vormittags), sa 10.00-13.00, so 12.00-13.00, eintritt: frei, u-bahn: barberini

(8) Bernini hatte nur wenig Platz zur Verfügung, als er **Sant'Andrea al Quirinale** baute. Er entwarf die ovale Kirche mit tiefer liegenden Kapellen 1658. Die "Barockperle" wirkt dennoch erstaunlich groß und ist beliebt bei Brautpaaren.
via del quirinale 29, www.gesuitialquirinale.it, telefon: 06 4874565, geöffnet: di-sa 8.30-12.00 & 16.00-19.00, so 9.00-12.00 & 16.00-19.00, eintritt: frei, u-bahn: barberini

(12) Von der **Piazza del Quirinale** haben Sie einen Blick über Rom und den Petersdom. Der Quirinal ist mit seinen 61 Metern Höhe der höchste der sieben Hügel Roms. Der Brunnen auf dem Platz besteht aus alten römischen Statuen, einem ägyptischen Obelisken und einer mittelalterlichen Viehtränke. Der große Palazzo del Quirinale wurde im 16. Jahrhundert als Sommerresidenz des Papstes erbaut. Danach diente er als königlicher Palast und seit 1947 als Residenz des italienischen Präsidenten. Von außen wirkt der Bau recht nüchtern, aber innen wird man vom Luxus überwältigt. Einer der Säle ist in puncto Struktur und Abmessungen identisch mit der Sixtinischen Kapelle im Vatikan.
piazza del quirinale, www.quirinale.it, telefon: 06 4699, geöffnet: fast jeder so 8.30-12.00, im sommer geschlossen, eintritt: 5 €, u-bahn: barberini

(13) In der Ausgrabungsstätte **Insula del Vicus Caprarius** sind in acht Metern Tiefe Reste eines antiken Häuserblocks (Insula) zu sehen, der einst von armen Römern bewohnt wurde. Außerdem wird gezeigt, wie das Bauwerk in einen edlen *domus* für Wohlhabende umgewandelt wurde und später sogar als Wasserreservoir diente.
vicolo del puttarello 25, www.romasotterranea.it, telefon: 3397786192, geöffnet: mi-fr 11.00-17.30, sa-so 11.00-19.00, preis: 3 €, u-bahn: barberini

(15) Anita Ekbergs nächtliches Bad im **Trevi-Brunnen** ist weltberühmt, aber versuchen Sie nicht, die Szene aus *La Dolce Vita* nachzuspielen: Der wunderschön verzierte Rokokobrunnen wird gut bewacht. Sie sehen Neptun zwischen der Göttin des Überflusses (links) und der Göttin der Gesundheit (rechts). Der Brunnen wird noch über einen antiken Wasserkanal gespeist. Werfen Sie mit Ihrer rechten Hand eine Münze über Ihre linke Schulter in den Brunnen, dann kommen Sie – so heißt es – wieder hierher zurück. Das Geld wird täglich eingesammelt und einem guten Zweck gespendet – im Jahr etwa eine Million Euro.
piazza fontana di trevi, bus: fontana di trevi, u-bahn: barberini

MARK-AUREL-SÄULE ⑱

⑱ Mitten auf der Piazza Colonna steht die fast 30 Meter hohe **Mark-Aurel-Säule** (Colonna di Marco Aurelio, auch Marcussäule). Die Reliefs auf der Säule lesen sich wie ein Comic: Sie zeigen Szenen aus den Kriegen des Kaisers Mark Aurel, die er im 2. Jahrhundert führte. In der Säule führt eine – nicht zugängliche – Wendeltreppe über 200 Stufen zur Spitze. Die Piazza Colonna ist das Zentrum der Politik Italiens, denn hier steht auch der Palazzo Chigi, in dem der Premierminister seinen Sitz hat.
piazza colonna, bus: piazza san silvestro

㉑ Die Kirche **Sant'Ignazio di Loyola** wurde am Ende des 17. Jahrhunderts erbaut und ist Ignatius von Loyola gewidmet, dem Gründer dieses Jesuitenordens. Obwohl die Jesuiten beeindruckend viele Fresken, Blattgold und Marmor anbringen ließen, hatten sie kein Geld mehr für die Kuppel übrig. Andrea Pozzo löste das Problem mit einer tollen optischen Täuschung.
piazza di sant'ignazio 8, www.chiesasantignazio.it, telefon: 06 6794406, geöffnet: mo-sa 7.30-19.00, so 9.00-19.00 (aug. wechselnde öffnungszeiten wahrscheinlich), eintritt: frei, bus: largo di torre argentina

㉒ Den großen **Palazzo Doria Pamphilj** bewohnen schon seit dem 17. Jahrhundert die Nachkömmlinge dieser aristokratischen Familie. Drinnen können Sie die Galleria Doria Pamphilj besichtigen, eine der wichtigsten privaten Kunstsammlungen Italiens, die unter anderem Werke von Velázquez, Caravaggio und Tizian zeigt. Die Einrichtung hat sich im Laufe der Jahrhunderte kaum verändert. Tipp: Lassen Sie sich das prachtvolle hauseigene Caffè Doria mit altem Brunnen nicht entgehen.
via del corso 305, www.doriapamphilj.it, telefon: 06 6797323, geöffnet: palazzo täglich 9.00-19.00, caffè mo-sa-07-30-20.00, so 10.00-18-00, eintritt: museum 11 €, preis glas wein im café 6 €, bus: piazza venezia

㉖ Auf der Piazza della Minerva steht ein großer Marmorelefant mit einem ägyptischen Obelisken auf dem Rücken, entworfen von Bernini. Die Statue symbolisiert einen starken Geist, der Weisheit tragen kann. In der **Basilica di Santa Maria sopra Minerva**, der einzigen gotischen Kirche Roms, kann man bedeutende Kunstwerke wie die *Christusstatue* von Michelangelo sehen. Unter dem Altar liegen die sterblichen Überreste der Catharina von Siena, der Schutzheiligen Italiens. Nur ihr Kopf liegt in einer Kirche an ihrem Geburtsort.
piazza della minerva 42, www.basilicaminerva.it, telefon: 06 679392, geöffnet: täglich 8.00-19.00, eintritt: frei, bus & straßenbahn: largo di torre argentina

㉚ Die **San Luigi dei Francesi** ist die französische Kirche von Rom. Bekannt ist sie für ihre Caravaggio-Malereien, die sich in der fünften Seitenkapelle auf der linken Seite befinden und die Szenen aus dem Leben des Matthäus zeigen.
piazza san luigi dei francesi 5, www.saintlouis-rome.net, telefon: 06 688271, geöffnet: mo-mi & fr-so 10.00-12.30 & 15.00-19.00, do 10.00-12.30, eintritt: frei, bus: corso del rinascimento

PANTHEON ㊱

㊱ Das **Pantheon** ist überaus beeindruckend und wurde zwischen 118 und 128 erbaut, nachdem ein Brand den Vorläufer zerstört hatte. Im 7. Jahrhundert wurde der "Tempel für alle Götter des himmlischen Pantheons" zu einer Kirche umgebaut. Die Kuppel, das Symbol für den Himmel, beschreibt einen perfekten Kreis. Es war die erste Decke aus gegossenem Zement und noch heute, 2000 Jahre später, ist sie unversehrt. Die Mauern des Gebäudes sind unter der Kuppel 6 Meter dick, und die einzige Lichtquelle bildet das offene "Auge" in der Kuppel. Im farbigen Marmorboden befindet sich ein Abwassersystem nach original römischem Entwurf.
piazza della rotonda, www.pantheonroma.com, telefon: 06 68300230, geöffnet: mo-sa 8.30-19.30, so 9.00-18.00, feiertage 9.00-13.00, eintritt: frei, bus: largo di torre argentina

Essen & Trinken

(5) Schon seit 50 Jahren gibt es die römische Trattoria **Hostaria Romana** mit ihren schwarz-weiß gekleideten Obern. Ein hübsches, helles Lokal, in dem man zwischen Römern zu Mittag isst. Probieren Sie die Pasta, zum Beispiel *bacatini all'amatriciana* (mit Schwein und Pecorino) oder Spaghetti Carbonara. Danach haben Sie wieder Energie für den ganzen Nachmittag!
via del boccaccio 1, www.hostariaromana.it, telefon: 06 4745284, geöffnet: mo-sa 12.30-15.00 & 19.15-23.00, preis: nudelgericht 13 €, u-bahn: barberini

(9) Die Caffetteria **Palombini Esposizioni** befindet sich im Palazzo delle Esposizioni (Palast der Ausstellungen), Roms größtem Ausstellungsgebäude. Die Bar, die etwas versteckt neben dem hauseigenen Bookshop liegt, ist ganz in Weiß und eher minimalistisch eingerichtet und verfügt über eine Terrasse im Innenhof. Neben belegten Brötchen werden kleine Gerichte wie Nudelsalat oder gegrillte Paprika serviert. Tipp: Auch das Restaurant Open Colonna ist einen Besuch wert.
via milano 15-17, www.palazzoesposizioni.it, telefon: 06 48941320, geöffnet: di-do & so 10.00-20.00, fr-sa 10.00-22.30, preis: brötchen 5 €, bus: via nazionale

(10) Das von vier namhaften Pokerspielern gegründete **LasaGnaM** ist ein Fast-Food-Restaurant mit Lasagne in allen erdenklichen Variationen. Zubereitet werden sie stets mit frischen Zutaten aus der Region. Unbedingt probieren sollten Sie Lasagne Genovese oder Lasagne Calabrese mit hausgemachten Frikadellen. Von überraschend guter Qualität sind auch die Backwaren. Wer auf der Suche ist nach einem typisch italienischen Mittagessen, der ist hier richtig.
via nazionale 184, www.lasagnam.it, geöffnet: mo-fr 08.00-23.00, sa-so 10.00.24.00, preis: lasagna 6,50 €, bus: via nazionale

(14) Das allerbeste Eis gibt es bei **Il Gelato di San Crispino**: 20 nach Saison wechselnde Sorten wie wilde Orange. Im Gegensatz zu den Eisdielen, in denen das Eis vor Farb- und Geschmacksstoffen nur so strotzt, wird hier seit Jahren alles ganz natürlich hergestellt.
via della panetteria 42, www.ilgelatodisancrispino.it, telefon: 06 6793924, geöffnet: mo-do & so 12.00-0.30, fr-sa 12.00-1.30, preis: eis ab 2,70 €, bus: fontana di trevi

TAZZA D'ORO ㉟

(16) Wer italienisches Essen schätzt, aber nicht unbedingt eine typisch italienische Einrichtung braucht, sollte bei **Baccano** vorbeischauen. Mit seinen gemütlichen Sitzecken, dem dunklen Holz und den Spiegeln, die als Speisekarte dienen, verströmt das Restaurant mit Weinbar eher das Flair eines alten Pariser Bistros. Zu den Traditionsgerichten gibt es eine erlesene Weinauswahl.
via delle muratte 23, www.baccanoroma.com, telefon: 06 69941166, geöffnet: täglich 10.00-2.00, preis: 20 €, u-bahn: barberini, bus: fontana di trevi

(19) Auf der Piazza di Pietra, gegenüber dem Hadrianstempel gibt es eine große Auswahl an Restaurants. Die **Osteria d'Ingegno** ("des Verstandes") ist eine echte Empfehlung: In diesem fröhlichen Lokal sind Salate und andere Gerichte immer einen Tick größer und origineller als bei der Konkurrenz.
piazza di pietra 45, telefon: 06 780662, geöffnet: täglich 11.00-01.00, preis: salat 12 €, straßenbahn: piazza venezia

(20) Bei **Salotto 42** finden Sie Designbücher und eine gehobene CD-Auswahl – genau das Richtige für eine Tee- oder Kaffeepause oder ein Mittagessen am Rohkostbüfett. Abends trifft sich hier die Schickeria auf einen Cocktail.
piazza di pietra 42, www.salotto42.it, telefon: 06 6785804, geöffnet: täglich 10.00-2.00, lunch 12.40-15.00, aperitif 19.00-22.00, brunch sa-so 13.00-16.00, preis: lunchbuffet 12 €, aperitif 10 €, brunch 20 €, bus: largo di torre argentina

(25) Der Blick, der den Gästen des **Minerva Roof Garden**, der edlen Dachterrasse des Grand Hotel de la Minerve, auf das Pantheon geboten wird, ist einzigartig. Nicht weniger sensationell ist die Weinkarte mit 300 verschiedenen Sorten. Oder ist Ihnen zu Austern ein Champagner lieber?
piazza della minerva 69, www.minervaroofgarden.it, telefon: 06 695201, geöffnet: restaurant täglich 12-30-15.00 & 19.30-23.00, bar täglich 12.00-01.00, preis: wein 12 €, bus & straßenbahn: largo di torre argentina

(28) Im **Zazà** tanken Sie mit einem Stück Pizza wieder neue Energie. Die Zutaten sind weitgehend biologisch und durchaus ausgefallen: Trüffel, Ricotta, Chicorée und Brie geben der Pizza einen besonderen Touch. Nichts für Regenwetter: Man kann bei Zazà nur draußen sitzen.
piazza di sant'eustachio 49, www.pizzazaza.it, telefon: 06 68801357, geöffnet: mo-sa 9.00-23.00, so 9.00-0.00, preis: stück pizza ab 2 €, bus: largo di torre argentina

㉙ Sie müssen nur dem Kaffeeduft folgen … Und schon haben Sie das **Sant'-Eustachio il Caffè** gefunden. Viele Römer behaupten, hier gäbe es den allerbesten Espresso. Das Sant'Eustachio gibt es seit 1938, und die Kaffeebohnen werden vor Ort in Holzöfen geröstet. Bestellen Sie einen *non zuccherato*, wenn Sie Ihren Espresso ohne Zucker möchten. Der Hirsch im Logo des Lokals – und auch auf dem Giebel der gleichnamigen Basilika am Platz – symbolisiert die Bekehrung des Eustachius.
piazza di sant'eustachio 82, www.santeustachioilcaffe.it, telefon: 06 68802048, geöffnet: mo-do & so 8.30-1.00, fr 8.30-1.30, sa 8.30-2.00, preis: caffè zuccherato 1,20 €, bus: largo di torre argentina

㉜ Das **Maxelâ** (im genovesischen Dialekt "Metzger") ist kein gewöhnliches Restaurant, sondern auch eine Metzgerei. Neben den angebotenen lokalen Spezialitäten schätzen die Römer vor allem das Qualitätsfleisch, das sie hier bekommen. Das schöne Ladenlokal ist geschmackvoll eingerichtet und bietet eine gute Weinauswahl.
via delle coppelle 10-13, www.maxela.it, telefon: 06 68210313, geöffnet: mo-sa 13.00-15.00 & 20.00-23.15, preis: nudelgericht 10 €, bus: corso del rinascimento

㉞ Römer lieben Eis, und das auf jeden Fall seit 1900, als **Giolitti** eröffnet wurde. Dieses schicke Eiscafé ist immer proppenvoll, sodass man nicht nur an der Kasse in der Schlange steht, sondern auch an der Eistheke. Wer sich an einen der Tische setzt, zahlt einen kleinen Aufpreis für die Bedienung. Doch im Stehen schmeckt das Eis mindestens genauso gut.
via degli uffici del vicario 40, www.giolitti.it, telefon: 06 699 1243, geöffnet: täglich 07.00-02.00, preis: eis 2,50 €, bus: via del corso

㉟ Genau wie das Sant'Eustachio ist das **Tazza d'Oro** im Rennen um den Titel "Bester Kaffee Roms" ganz weit vorn mit dabei. Auch hier wird der Kaffee an Ort und Stelle geröstet und gemahlen. Nehmen Sie am besten ein paar Packungen mit, obwohl es nicht so einfach ist, die herrliche Crema auch zu Hause so perfekt hinzubekommen.
via degli orfani 84, www.tazzadorocoffeeshop.com, telefon: 06 6789792, geöffnet: mo-sa 7.00-20.00, so 10.30-19.30, preis: kaffee 0,90 €, bus: largo di torre argentina

GIOLITTI ㉞

㊲ Kork an den Wänden, eine Tür aus Glas und eine Speisekarte, die sich schon seit Jahrzehnten nicht mehr verändert hat: Im **Armando al Pantheon** kann man wie in alten Zeiten zu Abend essen. Auf der Karte stehen viele klassische Gerichte mit Innereien, aber auch Spezialitäten wie Kichererbsennudeln oder Perlhuhn mit Porcini (Steinpilzen). Vergessen Sie nicht zu reservieren.
salita dei crescenzi 31, www.armandoalpantheon.it, telefon: 06 68803034, geöffnet: mo-fr 12.30-15.00 & 19.00-23.00, sa 12.00-15.00, preis: nudelgericht 12 €, bus: largo di torre argentina

Shoppen

㉓ **Moriondo e Gariglio** erinnert mit seinen roten Wänden und den vielen Streifen an eine Pralinendose. Das Schokoladengeschäft wurde 1886 von zwei Topchocolatiers aus Turin eröffnet, der Schokoladenhauptstadt Italiens. Außer Pralinen gibt es auch tolles Marzipanobst und leckere kandierte Früchte.
via del pie'di marmo 21-22, telefon: 06 6990856, geöffnet: mo-sa 9.00-19.30, bus: largo di torre argentina

㉔ Ein elegantes Schmuckstück muss nicht unbedingt aus Gold oder Silber sein. Was halten Sie von Glas, Keramik, Pappmaschee oder Aluminium? Bei **Materie** ("Materialien") gibt es wunderschöne Ketten, Armbänder und Ohrringe, aber auch originelle Tücher und Taschen aus Samt und Seide.
via del gesù 73, www.materieshop.com, telefon: 06 6793199, geöffnet: mo-sa 10.30-19.30, bus: largo di torre argentina

㉗ Wer die **Cartoleria Pantheon dal 1910** besucht, möchte seine Rom-Eindrücke am liebsten gleich aufschreiben. In dem schönen Laden gibt es von Einbänden über Stempel alles, was mit Papier und Schreiben zu tun hat, und sogar Taschen.
via della rotonda 15, www.pantheon-roma.it, telefon: 06 6875313, geöffnet: täglich im winter 10.30-19.30, im sommer 10.00-20.00, bus & straßenbahn: largo di torre argentina

㉛ Schon seit Jahrhunderten stellen Mönche aus Pflanzen und Kräutern ganz spezielle Getränke, Salben und andere Gebräue her. Im **Ai Monasteri** bekommen Sie die besten Klosterprodukte aus ganz Italien, zum Beispiel Honig oder Grappa.
corso del rinascimento 72, www.emonasteri.it, telefon: 06 68802783, geöffnet: mo-sa außer do. nachmittag 10.30-19.30, aug. geschlossen, bus: corso del rinascimento

CARTOLERIA PANTHEON DAL 1910 ㉗

㉝ Durch die riesengroßen Fenster können Passanten einen Blick ins **L'Autre Chose** werfen. Die schönsten Frauen Roms kleiden sich hier mit verspielten Kleidern, schicken Businessklamotten und High-Heels ein.
piazza campo marzio 9-11, www.boccaccini.it, telefon: 06 6878542, geöffnet: mo 15.00-19.00, di-fr 10.00-19.00, sa 10.00-19.30, bus: corso del rinascimento

⑰ GALLERIA ALBERTO SORDI

Rom live

(3) Immer öfter zeigen Kinos in Rom Filme in Originalfassung (also ohne Nachsynchronisation), was in Italien keineswegs eine Selbstverständlichkeit ist. Ein gutes Beispiel ist das Filmtheater **Multisala Barberini**. Wer für einen kurzen Moment in eine andere Welt eintauchen will, sollte hier eine Eintrittskarte reservieren.
piazza barberini 24-26, www.cinemadiroma.it, telefon: 06 86391361, geöffnet: mo-fr 15.00-01.00, sa-so 11.00-01.00, filmvorstellung: 8,50 €, u-bahn: barberini

(4) In Rom Tourist zu sein, ist manchmal gar nicht so einfach: Ohne es zu merken, legt man schnell riesige Distanzen zurück. Lassen Sie Ihre schmerzenden Füße und strapazierten Muskeln von einem Masseur im **Kami Spa** verwöhnen. Einmal raus aus dem Verkehrschaos und Sie fühlen sich sofort als Zen. Ergänzend zu den asiatischen Massagen gibt es Körper-Packungen, Peelings, Wellnessbehandlungen und ein Schwimmbad.
via degli avignonesi 12, www.kamispa.com, telefon: 06 42010039, geöffnet: täglich 10.00-22.00, preise: siehe website, u-bahn: barberini

(11) Die kleinen, schattigen Gärten an der Via del Quirinale sind an einem warmen, sonnigen Tag einfach herrlich. Die echten **Giardini del Quirinale** aus dem 16. Jahrhundert sind jedoch nur am 2. Juni, dem Nationalfeiertag, geöffnet.
via del quirinale, www. quirinale.it, geöffnet: täglich von sonnenaufgang bis sonnenuntergang, eintritt: frei, u-bahn: barberini

(17) Die **Galleria Alberto Sordi**, eine Einkaufspassage mit Säulengang und hohen Bleiglasfensterdecken, wurde 1922 im Jugendstil erbaut und erst später nach dem berühmten italienischen Schauspieler Alberto Sordi benannt. Lassen Sie die Galerie bei einer Tasse Kaffee in der mittig gelegenen Bar auf sich wirken.
via del corso, gegenüber der piazza colonna, www.galleriaalbertosordi.it, telefon: 06 69190769, geöffnet: mo-fr 8.30-21.00, sa 8.30-22.00, so 9.30-21.00, bus: piazza san silvestro

Quirinal, Trevi-Brunnen & Pantheon

SPAZIERGANG 1 (ca. 5,2 km)

Nach der gruseligen Krypta an der Via Vittorio Veneto (1) geht es Richtung Triton-Brunnen (2) auf der Piazza Barberini. Noch zu früh fürs Kino (3)? Dann in die Via delle Quattro Fontane und rechts in die Via degli Avignonesi für eine Massage (4) oder links in die Via del Boccaccio für ein römisches Mittagessen (5). Über die Via Rasella zurück in die Via delle Quattro Fontane, wo links der Palazzo Barberini (6) liegt. Geradeaus zum Springbrunnen (7) und dann rechts Richtung Sant'Andrea al Quirinale (8). Eine Kaffeepause bietet sich links bei Palombini Espozioni (9) in der Via Milano an. Ein Mittagessen (10) und etwas Abkühlung (11) gibt es ebenfalls in der Nähe. Weiter geht es zur Piazza del Quirinale mit dem Präsidentenpalast (12). Die Treppen hinuntergehen, die Via dell Dataria entlang (13), die ersten beiden Straßen rechts und dann links in die Vicolo del Puttarello. Für Eis rechts abbiegen in den Vicolo dei Modelli, dann links in die Vicolo Scanderberg bis zum Ende, dort rechts und die erste links, in die Via della Panettaria (14). Zurück Richtung Trevi-Brunnen (15) gehen. In Shoppinglaune? Über die Via delle Muratte (16) und rechts durch die Via di Santa Maria erreichen Sie die Galleria Alberto Sordi (17). Gut shoppen lässt es sich auch in der Via del Corso. Gegenüber auf dem Platz befindet sich die Mark-Aurel-Säule (18). Weiter der Via dei Bergamaschi bis zur Piazza di Pietra folgen, um bei einem Mittagessen die Börse zu bewundern (19) (20). Dann in der Via de Burrò die Kirche Sant'Ignazio di Loyola (21) besuchen. Für Kultur (22) oder einen Kaffee am Ende der Via di Sant'Ignazio links den Parkplatz überqueren. Rechts in der Via di Piè di Marmo können Sie Schokolade (23) oder Schmuck (24) kaufen. Geradeaus, um einen Wein mit Aussicht zu genießen (25). Weiter Richtung Piazza della Minerva (26). Hinter dem Pantheon links finden Sie Schreibwaren (27). In der Nähe bekommen Sie auch Pizza (28) oder Kaffee (29). Caravaggios Arbeit bewundern? Dann rechts der Via della Dogana Vecchia bis zur französischen Kirche (30) folgen. Über die Via Santa Giovanni d'Arco erreichen Sie etwas weiter links Ai Monasteri (31). Hier rechts in die Via di Sant' Agostino und dann in die Via delle Coppelle einbiegen, um Steak zu essen (32). In der Nähe finden Sie zahlreiche Boutiquen wie L'Autre Chose (33). In der Via degli Uffici del Vicario wartet hausgemachtes Eis (34). Lust auf Kaffee? Dann dem Vicolo della Guardiola südwärts folgen (35). Nun stehen Sie vor dem Pantheon (36). Lassen Sie die Eindrücke bei einem abschließenden Essen (37) Revue passieren.

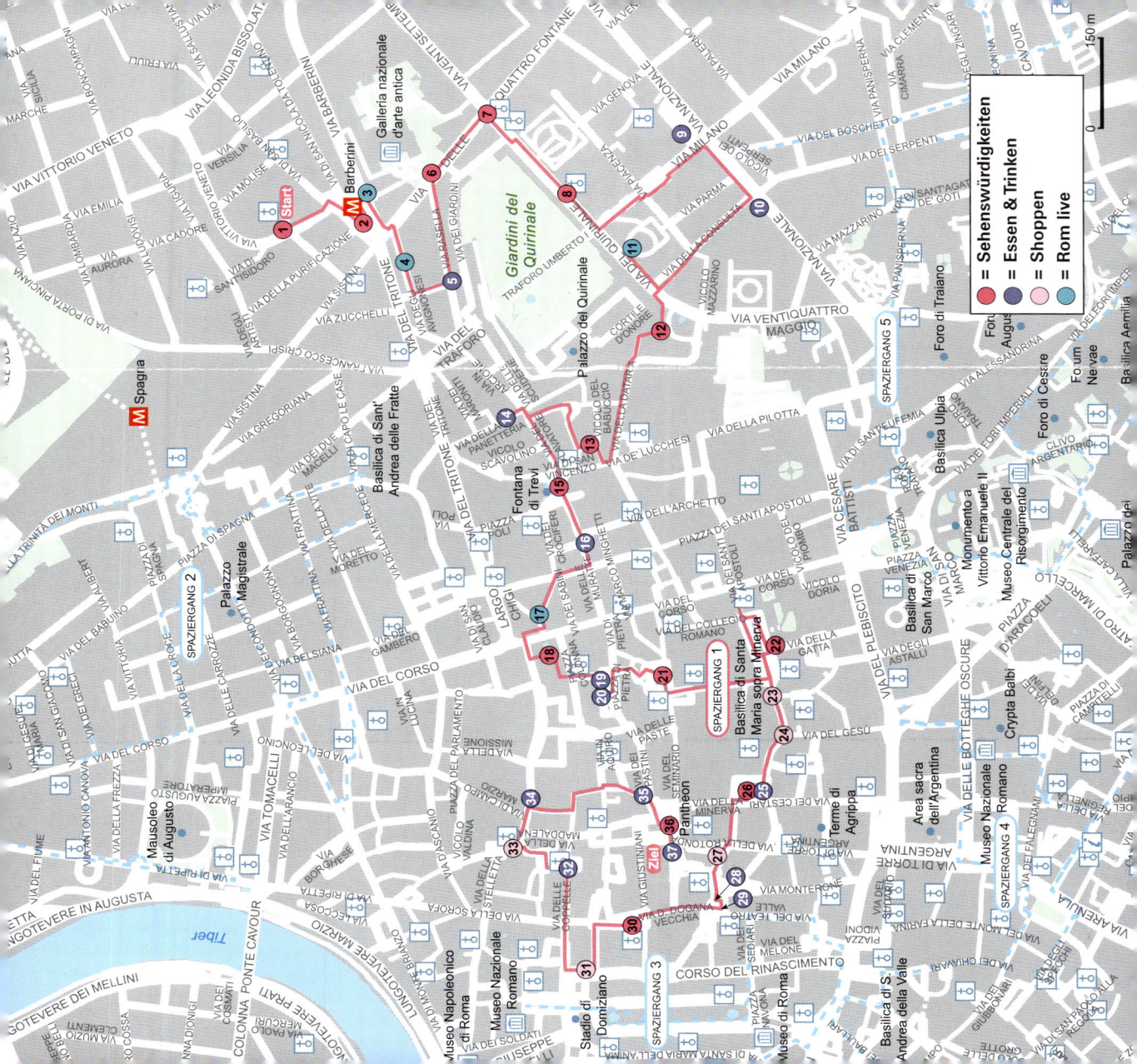

1

Villa Borghese, Spagna & Piazza del Popolo

① Santa Maria della Concezione
② Triton-Brunnen
③ Multisala Barberini
④ Kami Spa
⑤ Hostaria Romana
⑥ Palazzo Barberini
⑦ Quattro Fontane
⑧ Sant'Andrea al Quirinale
⑨ Palombini Esposizioni
⑩ LasaGnaM
⑪ Giardini del Quirinale
⑫ Palazzo del Quirinale
⑬ Insula del Vicus Caprarius
⑭ Il Gelato di San Crispino
⑮ Trevi-Brunnen
⑯ Baccano
⑰ Galleria Alberto Sordi
⑱ Mark-Aurel-Säule
⑲ Osteria d'Ingegno
⑳ Salotto 42
㉑ Sant'Ignazio di Loyola
㉒ Palazzo Doria Pamphilj
㉓ Moriondo e Gariglio
㉔ Materie
㉕ Minerva Roof Garden
㉖ Basilica di S. Maria sopra Minerva
㉗ Cartoleria Pantheon dal 1910
㉘ Zazà
㉙ Sant'Eustachio il Caffè
㉚ San Luigi dei Francesi
㉛ Ai Monasteri
㉜ Maxelâ
㉝ L'Autre Chose
㉞ Giolitti
㉟ Tazza d'Oro
㊱ Pantheon
㊲ Armando al Pantheon

Der Garten der Römer und die Spanische Treppe

Der Park Villa Borghese, den es schon seit rund 100 Jahren gibt, ist für viele Römer der einzige Garten. Hier treffen sie sich zur *bella passeggiata*, dem Abendspaziergang, romantisch zu zweit oder mit der ganzen Familie. Im Park gibt es viele hübsche Dinge zu entdecken: zum Beispiel das kleinste Kino der Welt und den Zoo. Auch die Kultur kommt nicht zu kurz: Die Sammlungen der Galleria Borghese zählen zu den imposantesten der Welt, und die Galleria Nazionale d'Arte Moderna e Contemporanea sowie das Etruskische Museum sind äußerst interessant.

Über den Hügel Pincio gelangt man zur Spanischen Treppe, von der aus Sie einen tollen Blick auf die Besucher der berühmten Piazza di Spagna haben. Hier kann man stundenlang Menschen beobachten. Von den vielen italienischen Casanovas, die an diesem Ort auf die Jagd gehen, lernen Sie vielleicht sogar noch ein paar Verführungstricks.

2

Die Gegend rund um die Piazza di Spagna ist ein Shoppingparadies. Gucci, Prada, Armani – alle italienischen Modedesigner haben hier ihre Luxustempel. Wer sich diesen Luxus nicht leisten kann oder will, kann sich wenigstens daran ergötzen. Um etwas weniger Geld auszugeben, sollten Sie die Via del Corso aufsuchen, eine der größten Einkaufsstraßen Roms.

In der Via Margutta wohnten früher viele Künstler. Und noch heute herrscht hier eine besonders kreative Atmosphäre. Schlendern Sie von einer Galerie zur nächsten und genießen die Ruhe.

Natürlich gibt es noch viel mehr zu erleben als ausgiebiges Shopping. In diesem Stadtteil liegen schöne Cafés und Restaurants. Einige sind weltberühmt, andere sind sorgfältig gehütete Geheimtipps. Nach Spuren aus der Vergangenheit müssen Sie in Rom nie lange suchen: Auch hier gibt es prächtige Monumente wie den Friedensaltar Ara Pacis und den Obelisken auf der Piazza del Popolo.

VILLA BORGHESE, SPAGNA & PIAZZA DEL POPOLO

6 Insider-Tipps

Villa Borghese

Durch den Garten Roms schlendern.

Galleria Borghese

Die weltberühmte Sammlung bestaunen.

Spanische Treppe

Menschen beobachten und Verführungstricks abschauen.

Bar Pompi

Köstliches Erdbeertiramisu probieren.

Ara Pacis

Den Friedensaltar zum Gedenken an Kaiser Augustus bewundern.

c.u.c.i.n.a.

Kunstvolle Küchenutensilien erstehen.

- **Sehenswürdigkeiten**
- **Shoppen**
- **Essen & Trinken**
- **Rom live**

Sehenswürdigkeiten

(3) Die **Galleria Borghese** beherbergt eine der wichtigsten Sammlungen der Welt. Camillo Borghese verkaufte, weil er große Schulden hatte, seinem Schwager Napoleon über 500 Kunstwerke. Diese befinden sich heute im Louvre in Paris, aber auch die in Rom verbliebenen Werke sind großartig. Bewundern Sie Gemälde von Raffael, Caravaggio, Rubens und Tizian. Erleben Sie, wie in Berninis *Apollo & Daphne* und *Der Raub der Proserpina* Marmor zum Leben erweckt wird. Und bestaunen Sie die *Venusskulptur*, die Antonio Canova von Paolina Borghese (der Schwester Napoleons) anfertigte – und die ihren Mann rasend vor Eifersucht machte.
piazzale del museo borghese, www.galleriaborghese.it, telefon: 06 32810, geöffnet: kasse di-so 8.30-19.30, einlass 9.00, 11.00, 13.00, 15.00, 17.00 (nur nach vorheriger reservierung), eintritt: 13 €, u-bahn: flaminio, bus: viale san paolo del brasile

(6) Die **Galleria Nazionale d'Arte Moderna e Contemporanea**, die nationale Kunstsammlung mit Werken aus dem 19. und 20. Jahrhundert, befindet sich in einem reich verzierten Gebäude. Hier sind die meisten italienischen Künstler vertreten, natürlich auch die Futuristen. Diese ließen sich Anfang des 20. Jahrhunderts von der Industrialisierung und dem technischen Fortschritt inspirieren.
via delle belle arti 131, www.gnam.beniculturali.it, telefon: 06 322981, geöffnet: di-so 8.30-19.30, eintritt: 12 €, u-bahn: flaminio, bus: piazza thorwaldsen

(7) Das **Museo Nazionale Etrusco di Villa Giulia** befindet sich in einem Renaissancepalast, der einst Sommerresidenz des Papstes Julius III. war. Die Etrusker, die hier schon vor den Römern lebten, hatten eine eigene Sprache und Schrift und waren begabte Handwerker, was an den vielen Alltagsgegenständen im Museum unschwer zu erkennen ist. Sie hatten einen großen Einfluss auf die römische Kultur. Höhepunkte des Museums sind der Sarkophag eines Ehepaars, der rund 530 v. Chr. aus Terrakotta gefertigt wurde, sowie der Euphronios-Krater mit einer Szene aus dem Trojanischen Krieg.
piazzale di villa giulia 9, www.villagiulia.beniculturali.it, telefon: 06 3226571, geöffnet: di-so 8.30-19.30, eintritt: 8 €, u-bahn: flaminio, bus: piazza thorwaldsen

12 **PIAZZA DI SPAGNA**

(11) Die Kirche **Santa Trinità dei Monti** wurde im frühen 16. Jahrhundert im Auftrag des französischen Königs Ludwig XII. erbaut. Eine bedeutende Rolle bei Bau und Fertigstellung kamen Giacomo Della Porta, Carlo Maderno und Domenico Fontana zu, deren fachmännisches Können auch im Petersdom zum Tragen kam. Beachten Sie die Fresken mit Szenen aus der *Kreuzabnahme*, die Daniele da Volterra 1541 gestaltete. Der Obelisk vor der Kirche, der wohl an der Rennbahn in den kaiserlichen Gärten stand, stammt aus der Kaiserzeit und wurde nach ägyptischem Vorbild gefertigt.
piazza della trinità dei monti 3, telefon: 06 6794179, geöffnet: di-mi & fr-so 08.00-20.00, do 20.00-24.00, eintritt: frei, u-bahn: spagna

(12) Setzen Sie sich auf die Spanische Treppe und schauen Sie den Taschenverkäufern und fotografierenden Touristen zu. Die 138 Stufen verbinden die Kirche Trinità dei Monti mit dem Rest der Stadt. Von der Treppe haben Sie einen guten Blick auf die **Piazza di Spagna**, die ihren Namen dem Palazzo di Spagna aus dem 17. Jahrhundert verdankt, dem Sitz des spanischen Botschafters.
piazza di spagna, u-bahn: spagna

(13) Als Pietro Bernini, der Vater des berühmten Gian Lorenzo, einen Springbrunnen für die Piazza di Spagna entwarf, stellte sich ihm ein technisches Problem. Im Aquädukt, das den **Barcaccia-Brunnen** (Fontana della Barcaccia) speisen sollte, war der Wasserdruck sehr niedrig. Das erklärt, weshalb aus der halb versunkenen Barkasse nur ein dünner Wasserstrahl schießt. Fertiggestellt wurde der Springbrunnen schließlich von dem bekannten Sohn.
piazza di spagna, u-bahn: spagna

(15) Die im 17. Jahrhundert errichtete Kirche **Sant'Andrea delle Fratte** ist dem heiligen Andreas gewidmet. Die Engel, die den Priesterchor zieren, hatte Bernini ursprünglich für die Engelsbrücke angefertigt, auf der heute lediglich Nachbildungen stehen. Einen Blick in Hausnummer 12 in der Via della Mercede lohnt sich, denn dort befindet sich eine Erinnerungstafel zu Ehren des berühmten Bildhauers (der jedoch in Hausnummer 11 wohnte).
via di sant'andrea delle fratte 1, www.santandreadellefratte.it, telefon: 06 6793191, geöffnet: täglich 06.00-12.00 & 16.00-19.00, eintritt: frei, u-bahn: spagna

㉕ Augustus war der erste Kaiser von Rom und Erbe von Julius Caesar. Das **Mausoleo di Augusto** wurde als protziges Grab für ihn und seine Familie errichtet. Das Gebäude wurde auf verschiedene Arten genutzt und missbraucht: Im 12. Jahrhundert war es eine Festung, ab 1908 ein Konzertsaal. Die Faschisten wollten unter Mussolinis Leitung das alte Rom wieder zum Leben erwecken und gruben die Grabkammern und das umliegende Gebiet 1936 wieder aus. Auch die eckigen, weißen Gebäude am Platz stammen aus dieser Zeit.
piazza augusto imperatore, telefon: 06 67103819, geöffnet: zurzeit wegen renovierungsarbeiten geschlossen, eintritt: wechselnd, u-bahn: spagna

㉖ Das moderne Bauwerk rund um den Altar **Ara Pacis** war das erste neue Gebäude im Zentrum nach der Mussolini-Ära. Der amerikanische Architekt Richard Meier wurde dafür stark kritisiert: Sein Bauwerk wurde mit einer Mülltonne verglichen. Der Altar wurde zwischen 19 und 9 v. Chr. erbaut, aus Dankbarkeit für den Frieden, den Kaiser Augustus der römischen Welt geschenkt hatte. Auf dem Marmorrelief sind Figuren zu sehen, die mit der Gründung Roms im Zusammenhang stehen, und eine Prozession der Kaiserfamilie. Nach dem Fall des Römischen Reiches wurde der Altar geplündert, dann nach jahrelangen Ausgrabungen und internationalen Verhandlungen im Auftrag von Mussolini wieder komplett restauriert.
lungotevere in augusta ecke via tomacelli, www.arapacis.it, telefon: 06 0608, geöffnet: di-so 9.00-19.00, eintritt: 8,50 €, u-bahn: spagna

㉟ Die **Piazza del Popolo** stellt eine Spitze von Neptuns Dreizack dar, denn so werden die drei Straßen Via di Ripetta, Via del Corso und Via del Babuino auch genannt. Die Piazza del Popolo ist einer der größten Plätze Roms und die Porta del Popolo war einst das wichtigste Eingangstor der Stadt. Am Rande des Platzes steht ein Brunnen mit Sphinxen und Statuen, die die vier Jahreszeiten symbolisieren. Der 25 Meter hohe ägyptische Obelisk stammt aus dem 13. Jahrhundert v. Chr.
piazza del popolo, u-bahn: flaminio

ARA PACIS ㉖

㊱ Die Kirche **Santa Maria del Popolo** soll auf dem Grab von Kaiser Nero stehen. Die Legende besagt, dass auf dem Grab des verhassten Kaisers ein Walnussbaum wuchs und die darauf sitzenden Krähen böse Geister waren. Im 11. Jahrhundert soll der Papst diesem Spuk ein Ende bereitet haben, indem er den Baum fällen und eine Kapelle errichten ließ. In der Kirche können Sie prächtige Bildhauereien von Raffael, Caravaggio und Bernini besichtigen.
piazza del popolo, www.santamariadelpopolo.it, telefon: 06 3610836, geöffnet: mo-sa 7.15-12.30 & 16.00-19.00, so 7.30-13.30 & 16.30-19.30, eintritt: frei, u-bahn: flaminio

Essen & Trinken

(8) Das **Casina del Lago** liegt mitten im Grünen, weit weg vom chaotischen Stadtverkehr. Das Häuschen verfügt über eine stilvolle Terrasse und eine moderne Einrichtung. Ein toller Platz für einen Cappuccino, Aperitif oder Snack.
viale dell'aranciera 2, www.caffeparana.it, telefon: 06 85352623, geöffnet: täglich im sommer 9.00-19.00, im winter 9.00-17.00, preis: brötchen 5 €, u-bahn: flaminio, bus: viale san paolo del brasile

(10) Einen besseren Ort, um die Spanische Treppe in aller Ruhe zu betrachten, bevor man sich selbst in das Getümmel stürzt, gibt es nicht: Die Bänke auf der Terrasse von **Il Palazzetto** sind mit knallroten Sitzkissen bestückt, die einen förmlich einladen, sich sofort hinzusetzen. Die Lage ist so idyllisch, dass man den stolzen Preis von 12 Euro für eine Pizza Margherita gerne in Kauf nimmt.
vicolo del bottino 8, www.ilpalazzettoroma.com, telefon: 06 699341000, geöffnet: täglich 13.00-21.00, preis: pizza 12 €, u-bahn: spagna

(16) In Lazio, dem Gebiet rund um Rom, wird viel Wein produziert, der jedoch vor allem Weinkennern ein Begriff ist. Um die lokalen Weine und Produkte bekannter zu machen, eröffnete die Provinz das **Palatium**. In dieser modern eingerichteten Weinbar gibt es zu günstigen Preisen regionale Spezialitäten: vom Wein bis zu *panzanella* (Brot, Tomaten und Basilikum) und *tonnarelli cacio e pepe*.
via frattina 94, telefon: 06 69202132, geöffnet: mo-sa 11.00-23.00, preis: glas wein 3 €, u-bahn: spagna

(18) Lust auf ein gesundes Mittagessen? Dann ist **Ginger** die richtige Adresse. Überall in diesem modernen Ladenlokal liegt frisches Obst, hinter der Theke hängen Schinken von der Decke. Unbedingt probieren sollten Sie den reichhaltigen Obstsalat, das Couscous oder einen Smoothie. Oder bestellen Sie einen Kaffee mit einem Stück Schokokuchen mit Ingwer und Zitronencreme.
via borgognona 43-44, www.ginger.roma.it, telefon: 06 69940836, geöffnet: täglich 10.00-24.00, preis: salat 12 €, u-bahn: spagna

(20) 1760 eröffnete ein Grieche das **Antico Caffè Greco**, und seitdem zählten schon Goethe, Stendhal, Lord Byron und Liszt zu den Stammgästen. Und da die Einrichtung so gut erhalten ist, können Sie sich auch mühelos vorstellen, wie diese Promis an ihrem Kaffee nippten. Wenn Sie sich dazugesellen möchten, erwartet Sie eine durchaus gepfefferte Rechnung.
via dei condotti 86, www.anticocaffegreco.it, telefon: 06 6791700, geöffnet: täglich 9.00-21.00, preis: espresso am tisch 6 €, u-bahn: spagna

(22) Jeden Tag gegen 13 Uhr steht eine lange Schlange vor dem traditionellen Nudelgeschäft **Pastificio**, das in dieser schicken Gegend ein wenig fehl am Platz wirkt. Plötzlich werden zwei große Schüsseln mit dampfender Pasta nach vorn getragen, und jeder bekommt eine Riesenportion auf den Teller geladen.
via della croce 8, geöffnet: mo-fr 9.00-14.00 & 16.00-19.00 (mittagessen nur 13.00-14.00), preis: nudelgericht 4 €, u-bahn: spagna

(23) Schon seit 1960 verwöhnt die Familie Pompi die Römer mit dem besten Tiramisu der Stadt. Nichts dem Zufall überlassen, lautet das Credo des Hauses. Mit Hingabe, Liebe zum Detail und unermüdlichem Forschen strebt die **Bar Pompi** die absolute Zufriedenheit ihrer Kunden an. Probieren Sie außer dem Klassiker auch mal die Varianten mit Erdbeer oder mit Banane und Schokolade.
via della croce 82, www.barpompi.it, telefon: 06 69941752, geöffnet: täglich 10.00-22.30, preis: tiramisu 4 €, u-bahn: spagna

(28) Das Restaurant **Ad Hoc** ist nüchtern eingerichtet, die Atmosphäre aber herzlich. Hier sitzt man zwischen Weinflaschen auf gusseisernen Stühlen. Beginnen Sie am besten mit einer Käse- oder Wurstauswahl, probieren Sie dann die hausgemachte Pasta oder die Gnocchi und ein Stück toskanisches Rindfleisch. Zu jedem Gericht wird der passende Wein gereicht.
via di ripetta 43, www.ristoranteadhoc.com, telefon: 06 3233040, geöffnet: täglich 19.00-0.00, preis: 20 €, u-bahn: flaminio

(31) In der **Enoteca Buccone** biegen sich die Regale unter dem Gewicht der Weine, Grappas und Liköre. Setzen Sie sich zwischen den Flaschen an einen Marmortisch, und bestellen Sie ein Glas Wein und ein paar Kleinigkeiten.
via di ripetta 19, www.enotecabuccone.com, telefon: 06 3612154, geöffnet: laden mo-do 9.00-20.30, fr-sa 9.00-23.30, restaurant mo-sa 12.30-15.00, fr-sa 19.30-22.30, preis: glas wein 6 €, u-bahn: flaminio

BAR POMPI ㉓

㉜ **Il Brillo Parlante** ist eine klassische Trattoria mit Holzregalen voller Weinflaschen und einer Treppe, die zum eigentlichen Lokal im Untergeschoss führt. Die Wände sind mit zahllosen Bildern berühmter Personen bestückt, die hier gegessen haben. Ein paar Schritte weiter, in der 6. Etage des Hotel Valadier, gibt es die herrliche Dachterrasse von **Hi-Res** (High Restaurant), einem auf Fisch spezialisierten Lokal der gehobenen Klasse. Allerdings kann man sich auch nur an die Bar setzen und die Aussicht genießen.

via della fontanella 12-15, www.ilbrilloparlante.com, www.hirestaurant.com, telefon: 06 3243334, geöffnet: täglich 12.00-00.30, hi-res 12.30-01.30, restaurant 19.30-20.00, preis: nudelgericht 10 €, u-bahn: flaminio

㉗ **MIA**

㉞ **Il Margutta Ristor Arte** beweist schon seit 1979, dass die italienische Küche auch ohne Fleisch und Fisch auskommen kann. Das Restaurant zeigt, dass vegetarisches Essen alles andere als langweilig ist: In einem großen, futuristisch wirkenden Saal voller moderner Kunst wird mittags ein "grünes" Brunchbuffet aufgebaut. Das Abendessen besteht aus frischen, kreativen Gerichten mit passendem Wein.
via margutta 118, www.ilmargutta.it, telefon: 06 32650577, geöffnet: täglich 12.00-15.30 & 19.00-23.30, preis: nudelgericht 12 €, u-bahn: spagna

Shoppen

(14) Zur Hochzeit, zum Autofahren oder einfach nur, um die Hände warm zu halten: Bei **Sermoneta Gloves** finden Sie zweifelsohne ein passendes Paar Handschuhe. Handgemacht und aus dem schönsten (Lamm-)Leder, in allen Farben und Formen. Der Ruf des Besitzers Giorgio Sermoneta eilt ihm bis weit über die Grenzen Roms voraus, denn seine Handschuhe kann man auch in New York und London kaufen.
piazza di spagna 61, www.sermonetagloves.com, telefon: 06 6791960, geöffnet: mo-sa 9.30-20.00, so 10.00-19.00, u-bahn: spagna

(17) Die Buchhandlung **Libreria Borghese** ist *very british* – zumindest was die Einrichtung mit viel Holz und die stimmungsvolle Beleuchtung angeht. Schwerpunkte sind Kunst und Wappenkunst, aber auch Botanik und Schmuck.
via della fontanella di borghese 64, telefon: 06 6876403, geöffnet: mo 15.00-19.00, di-fr 10.00-13-30 & 15.00-19.00, sa 10.00-13.30, u-bahn: spagna

(19) *Fashion victims* dürften nach einem Besuch der **Via dei Condotti** pleite sein. In der Straße und der näheren Umgebung liegen die Läden berühmter Designer: von Valentino bis Armani, von Gucci bis Prada. Selbst wenn Sie sich keine Designerhandtasche leisten können, ziehen Sie sich einfach Ihre schönsten Kleider an und tun Sie so als ob. Das machen auch die meisten Römer so!
via dei condotti, u-bahn: spagna

(21) Selbst die alltäglichsten Küchenutensilien werden von italienischen Designern in kleine Kunstwerke verwandelt. Bei **c.u.c.i.n.a.** ist alles schwarz oder weiß, aus Chrom oder Holz. Viele Dinge sind wirklich schön anzusehen, und man kann einfach nicht die Finger davon lassen.
via mario de'fiori 65, www.cucinastore.com, telefon: 06 6791275, geöffnet: mo-sa 10.00-13.00 & 16.00-19.00, u-bahn: spagna

㉔ Italien ist das Land der Oper und der Musik. Und so ist **La Stanza della Musica** für Musikliebhaber fast schon ein Muss. Wer auf der Suche ist nach einer bestimmten Partitur oder einer CD seines italienischen Lieblingssängers, wird hier mit großer Wahrscheinlichkeit fündig.
via dei greci 36, www.lastanzadellamusica.it, telefon: 06 3218874, geöffnet: mo 15.00-19.00, di-sa 10.00-19.00, u-bahn: spagna

㉗ Bei **Mia** finden Sie originelles Design in einem ehemaligen Kloster. Es gibt Holzmöbel von Piet Hein Eek, Papiergeschirr von Wasara und Besteck von Eno, Lampen von Muuto und Blumentöpfe von Bac-sac. Die Verkäuferinnen helfen Ihnen gerne, etwas auszusuchen, das wirklich zu Ihnen passt.
via di ripetta 224, www.miaviadiripetta.com, telefon: 06 97841892, geöffnet: di-sa 10.30-14.00 & 15.30-19.30, u-bahn: flaminio

㉙ Setzen Sie sich im **Olfattorio** an die Bar und nehmen Sie an einer "Parfümprobe" teil. Sie bekommen verschiedene Düfte in einem "Glas" und können so herausfinden, welcher gut zu Ihnen passt. Die freundliche Bedienung erklärt Ihnen alles über die Zusammenstellung der exklusiven Parfüms, die Sie anschließend auch kaufen können.
via di ripetta 34, www.olfattorio.it, telefon: 06 3612325, geöffnet: mo-sa 10.30-19.30, u-bahn: flaminio

㉚ Fußballfans aufgepasst! Bei **Old Soccer** finden Sie Retro-Fußballtrikots und -schuhe. Es sind Kopien der Outfits, die die Spieler trugen, bevor die Clubs gesponsert wurden, d. h. aus der Zeit vor 1982. Natürlich gibt es viele Trikots von italienischen Starfußballern, aber hier und da auch von anderen europäischen Legenden. Der Boden ist mit Plastikrasen belegt, und an den Wänden hängen zahllose Zeitungsartikel von italienischen Fußballerfolgen vergangener Tage.
via di ripetta 30, www.oldsoccer.it, telefon: 06 96846111, geöffnet: täglich 10.00-20.00, u-bahn: flaminio

SERMONETA GLOVES (14)

Rom live

① Der Park der **Villa Borghese** war im 17. Jahrhundert der Garten des einflussreichen Kardinals Scipio Borghese. Mittlerweile können alle Römer den grünen Park mit seinen hohen Pinienbäumen genießen. Neben einem Spaziergang können Sie hier herrlich picknicken, Fahrrad fahren (Fahrräder gibt es zu mieten) und auf dem See rudern.
eingang unter anderem am viale san paolo del brasile, geöffnet: täglich, eintritt: frei, u-bahn: flaminio, bus: viale san paolo del brasile

② 73 Quadratmeter, 63 Sitzplätze, eine große Leinwand, ein Kiosk und eine Kasse: Mehr gibt es im **Cinema dei Piccoli** nicht. Bei der Eröffnung 1934 wurden in diesem kleinen Kino nur Kinderfilme gezeigt. Mittlerweile kann man abends auch Filme für Erwachsene in Originalfassung anschauen. 2005 erhielt das Filmtheater den Guinness-Weltrekord-Titel "kleinstes Kino der Welt".
largo marcello mastroianni 15, www.cinemadeipiccoli.it, telefon: 06 8553485, geöffnet: täglich, siehe website, film: mo-fr 5 €, sa-so 5,50 €, u-bahn: flaminio

④ Den zwölf Hektar großen Zoo **Bioparco** gibt es schon seit über 100 Jahren und er ist damit einer der ältesten Zoos Italiens. In der schönen Anlage sind mehr als 1000 Tierarten zu sehen.
piazzale del giardino zoologico 1, www.bioparco.it, telefon: 06 3608211, geöffnet: täglich nov.-märz 9.30-17.00, apr.-okt. 9.30-18.00 (apr.-sept. sa-so bis 19.00), eintritt: 15 €, bus: piazza thorwaldsen

⑤ Im **Globe Theatre Roma** werden große Klassiker wie *Romeo & Julia* oder *King Lear* aufgeführt. Lassen auch Sie sich mitreißen von der besonderen Magie dieses Theaters in der märchenhaften Villa Borghese.
largo aqua felix, www.globetheatreroma.com, telefon: 06 0608, geöffnet: kasse 14.00-19.00, preise: siehe website, u-bahn: flaminio

⑨ Auf dem Gipfel des Pincius, einem der sieben Hügel Roms, liegt der Park **Giardino del Pincio**. Nach der Plünderung Roms im 5. Jahrhundert n. Chr. gelangte dieses Anwesen in den Besitz der Familie der Pincii.
eingang am piazzale napoleone 1 oder viale delle magnolie, geöffnet: täglich, eintritt: frei, u-bahn: spagna

VILLA BORGHESE ①

㉝ Die **Via Margutta** zieht schon seit Jahrhunderten Künstler an. Hier ließen sich die Komponisten Strawinsky und Puccini sowie der Schriftsteller Truman Capote inspirieren. Aber auch der Regisseur Fellini war verliebt in diese kleine Straße. Mittlerweile können es sich viele Künstler nicht mehr leisten, hier zu wohnen, doch noch immer gibt es viele Galerien. Schauen Sie kurz bei Hausnummer 53 vorbei, wo es lustige Schilder gibt, die man auch im Rest der Straße überall sieht.
via margutta, u-bahn: spagna

Villa Borghese, Spagna & Piazza del Popolo

SPAZIERGANG 2 (ca. 8,5 km)

Die Tour durch den Park Villa Borghese (1) beginnt im Viale San Paolo del Brasile. Danach geht es im Park über den Largo Marcello Mastroianni zum Kino Cinema dei Piccoli (2). Dann in den Viale del Museo Borghese, um Kunst zu betrachten (3). Der Viale dei Due Mascheroni folgen und an den Gärten vorbei Richtung Zoo (4). Dort den Hinweisschildern zum Freilufttheater (5) folgen. Moderne Kunst (6) und griechische Vasen (7) gibt es im Viale delle Belle Arti. Zurückgehen und vor dem erstgenannten Museum die Treppen hinaufsteigen. Links dem Viale Madama Letizia in Richtung Casino del Lago (8) folgen. Am Ende rechts den Piazzale delle Canestre überqueren. In den Viale delle Magnolie einbiegen und den Giardino del Pincio (9) und die Aussichtsterrasse besuchen. Mit dem Rücken zur Terrasse rechts in dem Viale del Belvedere die Treppe Richtung Viale della Trinità dei Monti nehmen. Einen Drink (10) am Fuß der Kirche (11) bestellen und die Spanische Treppe (12) bewundern. Hinuntergehen, Berninis Schiffchen bestaunen (13) und dann links abbiegen, um Handschuhe zu kaufen (14). Geradeaus der Via di Propaganda bis zur Kirche (15) folgen. Über die Via Mario de' Fiori erreichen Sie links die Via Frattina, wo es regionale Produkte (16) gibt. Dann geht es geradeaus Richtung Largo della Fontanella di Borghese, um zu schmökern (17). Die Via del Corso überqueren und rechts in der Via Borgognona ein Mittagessen (18) genießen. Danach geht es links in die Via Belsiana, dann rechts zum Schaufensterbummel in die Via dei Condotti (19), wo es auch herrlichen Kaffee gibt (20). In der ersten Straße links warten nette Küchengadgets (21). Dann links in die Via della Croce, um Nudeln (22) und/oder Tiramisu (23) zu essen. Weiter zur Via del Corso und dort rechts. Musikliebhaber dürfen die zweite Straße rechts nicht verpassen (24). Dann links in die Via Antonio Canova und am Ende links, um zwei Bauwerke zu Ehren von Augustus (25) (26) zu bestaunen. Durch die Via di Ripetta zurückgehen. Hier können Sie Design kaufen (27), bei Ad Hoc (28) einen Tisch reservieren, einen tollen Duft (29) oder Retro-Fußballtrikots (30) erstehen oder einen Aperitif trinken (31). Appetit? Dann rechts in die Via Angelo Brunetti einbiegen und die Via del Corso überqueren (32). Oder in die Via Margutta (33) gehen und vegetarisch essen (34). Ein paar Meter zurückgehen und rechts über die Via del Babuino Richtung Piazza del Popolo (35) gehen, um die Kirche (36) zu besuchen.

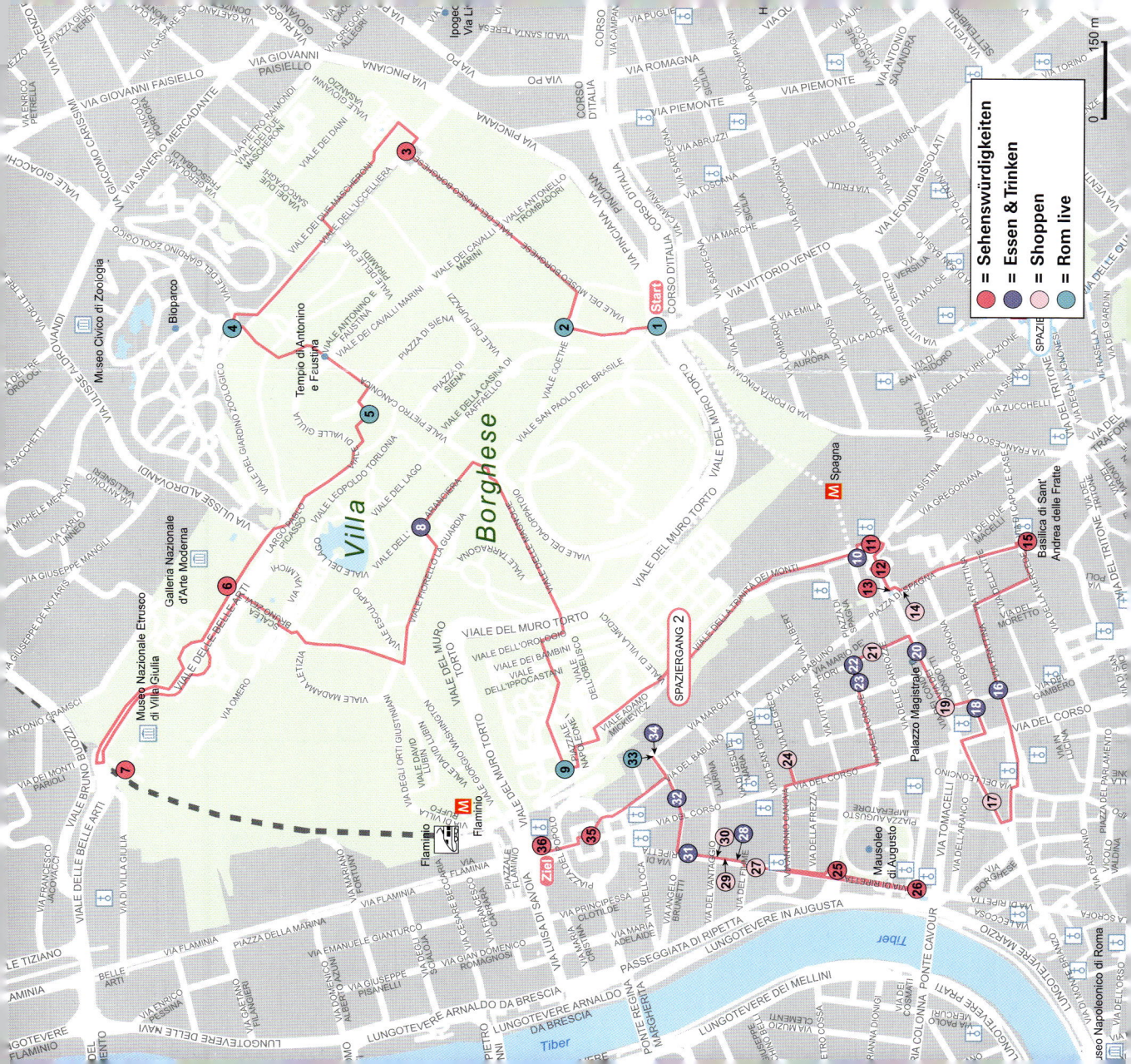

2

Vatikan, Prati & Piazza Navona

① Villa Borghese
② Cinema dei Piccoli
③ Galleria Borghese
④ Bioparco
⑤ Globe Theatre Roma
⑥ Galleria Nazionale d'Arte Moderna e Contemporanea
⑦ Museo Nazionale Etrusco
⑧ Casina del Lago
⑨ Giardino del Pincio
⑩ Il Palazzetto
⑪ Santa Trinità dei Monti
⑫ Piazza di Spagna
⑬ Fontana della Barcaccia
⑭ Sermoneta Gloves
⑮ Sant'Andrea delle Fratte
⑯ Palatium
⑰ Libreria Borghese
⑱ Ginger
⑲ Via dei Condotti
⑳ Antico Caffè Greco
㉑ c.u.c.i.n.a.
㉒ Pastificio
㉓ Bar Pompi
㉔ La Stanza della Musica
㉕ Mausoleo di Augusto
㉖ Ara Pacis
㉗ Mia
㉘ Ad Hoc
㉙ Olfattorio
㉚ Old Soccer
㉛ Enoteca Buccone
㉜ Il Brillo Parlante/Hi-Res
㉝ Via Margutta
㉞ Il Margutta Ristor Arte
㉟ Piazza del Popolo
㊱ Santa Maria del Popolo

Ein Staat in einer Stadt und ein antikes Stadion

Rom ist eine besondere Stadt. Aber dass sie noch ein ganzes Land beheimatet, das ist schon außergewöhnlich: Vatikanstadt ist ein autonomer Staat und hat eine eigene Post und Polizei, die Schweizer Garde. Mit gerade mal 44 Hektar und rund 840 Einwohnern ist Vatikanstadt das kleinste Land der Welt. Dafür gibt es hier umso mehr Kunstschätze. Jahrhundertelang investierte der Vatikan in die Kunst, die heute unter anderem in den Vatikanischen Museen (Musei Vaticani) und im monumentalen Petersdom (Basilica di San Pietro) zu bestaunen ist.

Der Stadtteil Prati, der an die Vatikanstadt angrenzt, gehört zu den schickeren Gegenden Roms. Entlang der schnurgeraden Straßen stehen stattliche, ein wenig streng wirkende Wohnhäuser sowie viele Geschäfte. Auch interessant, wenn man nicht sehr kunstverliebt ist. Shoppen kann man gut in der Via Cola di Rienzo.

3

An der Piazza Cavour liegt der imposante Palazzo di Giustizia (Justizpalast). Das Gebäude kam bei den Römern gar nicht gut an und wird als geschmacklos bezeichnet. Direkt daneben befindet sich Sant'Angelo, das frühere kaiserliche Mausoleum, das heute einen Teil des Nationalmuseums (Museo Nazionale Romano) beherbergt. Die von Bernini entworfenen Engel auf der Engelsbrücke geleiten Sie auf die andere Seite des Tibers.

Hier führen schmale, verwinkelte Gassen zur Piazza Navona, wo sich einst ein monumentales Sportstadion befand. In der zweiten Hälfte des 20. Jahrhunderts zählte die Piazza zu den Lieblingsplätzen der jungen Reichen auf ihrer Tour durch Europa. Heute kann man hier flanieren, sich auf eine Bank setzen, den Straßenkünstlern – und ihren Fans – zuschauen und abends ausgehen. In der näheren Umgebung gibt es viele Kirchen, Brunnen und Museen, die Via del Governo Vecchio beherbergt einige Läden mit Designermode sowie Secondhandshops. Abends ist hier ebenfalls viel los, vor allem rund um die Piazza del Fico, wo fast jedes Auto als Abstelltisch für Cocktailgläser genutzt wird.

6 Insider-Tipps

Petersdom

Die riesige Kirche mit Berninis Ziborium bewundern.

Vatikanische Museen

Die gigantische Kunstsammlung bestaunen.

Parco Adriano

Beim Mausoleum des Kaisers Hadrian picknicken.

Gelateria del Teatro

Ausgefallene Eissorten probieren.

Chiostro del Bramante

Im Innenhof eines ehemaligen Klosters zu Mittag essen.

Piazza Navona

Im einstigen Sportstadion ein Porträt anfertigen lassen.

- 🔴 **Sehenswürdigkeiten**
- 🔘 **Shoppen**
- 🔵 **Essen & Trinken**
- 🔵 **Rom live**

Sehenswürdigkeiten

① Der Säulengang auf dem **Petersplatz** (Piazza San Pietro) ist das Meisterstück Berninis. Er arbeitete von 1655 bis 1667 an dem Platz und noch heute bleibt den Leuten bei seinem Anblick die Luft weg. Insgesamt stehen auf dem Platz 284 Säulen, verteilt auf vier Reihen. Suchen Sie mal die runden Steine, die zwischen dem Obelisken und den Brunnen liegen. Wenn Sie sich daraufstellen, sehen Sie, wie die vier Reihen zu einer verschmelzen. Der Obelisk in der Mitte ist das älteste Monument des Platzes. Er hat 36 n. Chr. den ganzen Weg von Ägypten nach Rom zurückgelegt und dient als Sonnenuhr: Wenn sein Schatten auf die weiße Marmorplatte fällt, ist es Mittag. Auf dem Platz hält der Papst jeden Mittwochvormittag Audienz. Karten hierfür gibt es bis zum Vortag am bronzenen Tor im rechten Säulengang.

Der **Petersdom** (Basilica di San Pietro) wurde auf dem Grab des heiligen Petrus erbaut und ist die größte Kirche der Welt. Der Dom ist 136 Meter hoch, vom Boden bis zum Kreuz oben auf der Kuppel, das ist drei Mal so hoch wie das Kolosseum. Der Platz, auf dem die Kirche heute steht, wurde schon vor der Verbreitung des Christentums für religiöse Zwecke genutzt. Papst Julius II. gab 1506 den heutigen Dom in Auftrag und holte sich Unterstützung bei Künstlern wie Bramante, Raffael, Peruzzi, Sangallo und Michelangelo. Die Pietà in der ersten Kapelle rechts (seit einem missglückten Anschlag hinter Glas) ist ein Meisterstück und das einzige Kunstwerk, das Michelangelo jemals mit seiner Unterschrift versah. Niemand glaubte nämlich, dass so ein junger Mann solch ein großartiges Kunstwerk zustande bringen konnte.

Wenn Sie erst einmal den Blick von der **Kuppel des Petersdoms** genießen, dann haben Sie den mühevollen Aufstieg sofort vergessen. Sie können alles zu Fuß gehen oder mit dem Aufzug bis zum ersten Aussichtspunkt auf 53 Meter Höhe fahren. Hier gehen Sie über einen Gang am Anfang der Kuppel, hoch über den Menschen in der Kirche. Danach können Sie über eine Treppe bis zur Spitze klettern. Lassen Sie sich Zeit, denn wenn Sie alles zu Fuß laufen, müssen Sie 500 Stufen steigen.

piazza san pietro, www.vatican.va, telefon: 0606 69883731, geöffnet: täglich apr.-sept. 7.00-19.00, okt.-märz 7.00-18.30, kuppel täglich apr.-sept. 8.00-18.00, okt.-märz 8.00-17.00, eintritt: kirche frei, kuppel 7 €/aufzug, 5 €/fuß, u-bahn: ottaviano, bus: piazza risorgimento

② Nehmen Sie sich mindestens einen halben Tag Zeit für die **Vatikanischen Museen** (Musei Vaicani), den größten, reichsten und beeindruckendsten Museumskomplex der Welt! Er umfasst rund 1400 Säle voller Malereien, griechischer und römischer Skulpturen sowie ägyptischer und etruskischer Kunst. Sie können hier auch das Missionarsmuseum besuchen sowie die Wohnräume der Päpste. Die **Sixtinische Kapelle** (Capella Sistina) ist natürlich das absolute Highlight. Michelangelos gewaltige Deckenmalerei und Fresken sind einfach unbeschreiblich schön.
viale vaticano, www.museivaticani.va, telefon: 06 69884676, geöffnet: mo-sa 9.00-18.00 (kasse bis 16.00), letzter so im monat 9.00-14.00, eintritt: 16 €, letzter so im monat bis 12.30 frei), u-bahn: ottaviano, bus: piazza risorgimento

⑮ Aufgrund seiner opulenten Verzierungen, der barocken Statuen und seiner immensen Größe bekam der **Palazzo di Giustizia** (Justizpalast) schon bald den Beinamen "Palazzaccio" (hässlicher Palast). Die Arbeiten an dem vom namhaften Architekten Calderini entworfenen Gebäude dauerten ganze 22 Jahre und endeten erst 1910.
lungotevere prati/piazza cavour 1, nicht öffentlich zugänglich, bus: piazza cavour

⑰ Die **Engelsburg** (Castel Sant'Angelo) wurde als Mausoleum für Kaiser Hadrian erbaut, diente aber nach dem Niedergang des Römischen Reiches unter anderem als Festung und Gefängnis. Heute beherbergt die Engelsburg ein Museum mit einer großen Sammlung an Keramiken, Renaissancemalereien und Waffen. Um das komplette Gebäude zu entdecken, fangen Sie am besten im Keller an und gehen weiter bis zur Dachterrasse. Der ansteigende, spiralförmige Gang stammt aus der Zeit Hadrians und ist teilweise noch zugänglich. Oben auf der Burg thront die Statue eines Erzengels. Laut Legende erschien dieser dem Papst Gregorius I. als Zeichen, dass die Pest vorüber war.
lungotevere castello 50, www.castelsantangelo.com, telefon: 06 6819111, geöffnet: di-so 9.00-19.30, eintritt: 10,50 €, u-bahn: lepanto

⑱ Die **Engelsbrücke** (Ponte Sant'Angelo) ist eine der schönsten Tiberbrücken. Die Fußgängerbrücke mit den Engeln von Bernini wurde 1450 erbaut, nachdem die alte römische Brücke teilweise eingestürzt war. Das Gewicht der Pilger, die das Hadrian-Grab besuchen wollten, wurde der Brücke zum Verhängnis.
ponte sant'angelo, zwischen lungotevere vaticano und lungotevere degli altoviti, u-bahn: ottaviano

18

PIS APOST PAVLVS V BVRGHESIVS ROMANVS PONT MAX AN
1

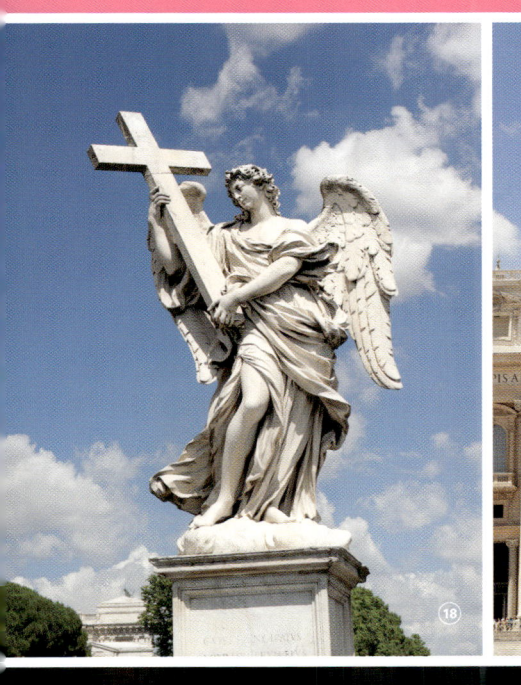

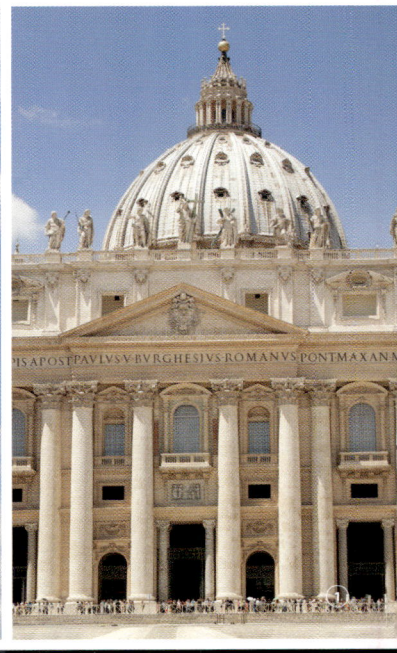

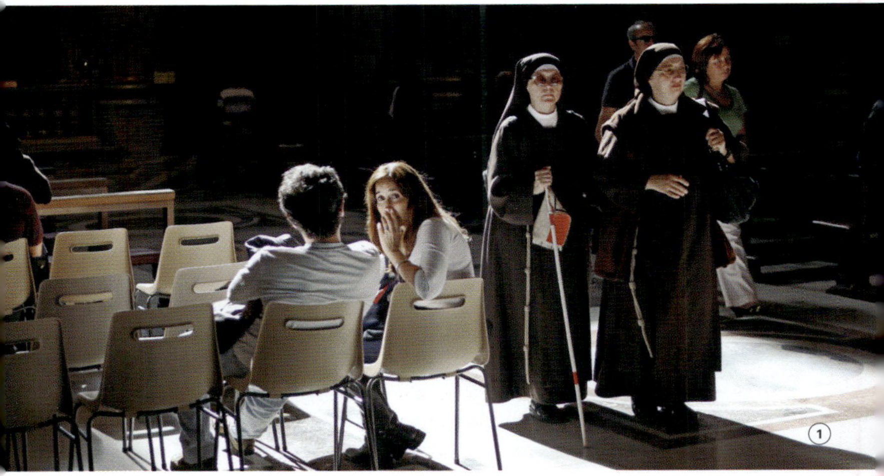
1

㉗ Die **Piazza Navona** ist bei Künstlern äußerst beliebt, aber auch Normalsterbliche spazieren hier gerne entlang. Der Platz hat eine ovale Form, denn er wurde auf den Ruinen des Wettkampfstadions von Kaiser Domitian erbaut, dem Stadio di Domiziano. Bis zum Ende des 15. Jahrhunderts fanden hier noch Feste und Turniere statt, danach wurde das Stadion abgerissen und ein öffentlicher Platz daraus gemacht. In der Krypta der Kirche Sant'Agnese in Agone und an der Nordseite des Platzes können Sie noch ein paar Überreste des Stadions sehen.
piazza navona, bus: corso vittorio emanuele II oder corso del rinascimento

㉘ Der **Vierströmebrunnen** (Fontana dei Quattro Fiumi), der mitten auf der Piazza Navona steht, stammt von Bernini und symbolisiert die vier Flüsse, die im 17. Jahrhundert am wichtigsten waren: Nil, Ganges, Donau und Rio Plata. Die Legende besagt, dass Bernini das Gesicht vom Nil bedeckte, damit er nicht auf die Sant'Agnese in Agone blicken musste. Die Kirche war nämlich ein Entwurf seines Rivalen Borromini. Borromini platzierte daraufhin als Antwort auf dem Giebel der Kirche eine Statue, die deutlich vom Brunnen wegschaut.
piazza navona, bus: corso del rinascimento

㉙ Borrominis barocke Kirche **Sant'Agnese in Agone** wurde der Legende nach auf dem Platz gebaut, an dem die heilige Agnes nackt zur Schau gestellt wurde, da sie als Christin nicht auf die Avancen eines Heiden eingehen wollte. Durch ein Wunder wuchs das Haar der Agnes so schnell, dass es ihren Körper bedecken konnte. Dennoch wurde sie zu Tode gefoltert.
piazza navona, telefon: 06 68192134, geöffnet: mo-sa 9.30-12.30 & 16.00-19.00, so & feiertage 10.00-13.00 & 16.00-20.00, eintritt: frei, bus: corso del rinascimento

㉚ Der **Palazzo Altemps** beherbergt griechische und römische Schätze, die unter anderem der Kunstsammlung der Familie Boncompagni Ludovisi entstammen. Nicht verpassen sollten Sie die prachtvolle Marmorgruppe *Selbstmord des Galliers und seiner Frau* aus dem 1. Jahrhundert v. Chr., die nach einem bronzenen Original gefertigt wurde.
piazza di sant'apollinare 46, www.archeoroma.beniculturali.it, telefon: 06 39967700, geöffnet: di-so 9.00-19.45, eintritt: 7 € (kombiticket mit palazzo massimo, terme di diocleziano und crypta balbi), bus: corso del rinascimento

ENGELSBURG ⑰

Essen & Trinken

(4) Nach dem Vatikan-Besuch sind es nur ein paar Schritte zu einem köstlichen Mittagessen. Bei Duecentogradi (**200°**) ist der Name Programm, denn hier werden die Panini in einem 200 Grad heißen Ofen gebacken. Zur Auswahl stehen Panini mit Namen wie "Pietà" oder "Colosseo".
piazza del risorgimento 3, www.duecentogradi.it, telefon: 06 39754239, geöffnet: so-do 11.00-3.00, fr-sa 11.00-4.00, preis: brötchen 5 €, u-bahn: ottaviano

(5) Die Hauptattraktion der **Trattoria sul Tetto** ist zweifellos die Terrasse mit Blick auf den Petersdom. Hier, im obersten Stockwerk des Orange Hotel, kann man eine gute Fischplatte oder ein typisch römisches Nudelgericht genießen.
via crescenzio 86, www.rooftrattoriasultetto.it, telefon: 06 68805550, geöffnet: täglich 12.00-15.30 & 18.30-23.30, preis: nudelgericht 9 €, u-bahn: ottaviano, bus: risorgimento

(10) Im hinteren Teil des **Art Studio Cafés** sieht man Kinder basteln und Erwachsene ein Mosaik anfertigen. Das Café ist nämlich nicht nur eine tolle Adresse zum Mittagessen, sondern auch ein Unterrichtsraum. Die Ergebnisse, zum Beispiel verrückte Spiegel und Schmuckstücke, werden im Café ausgestellt und können gekauft werden.
via dei gracchi 187a, www.artstudiocafe.it, telefon: 06 32609104, geöffnet: mo-sa 7.30-21.30, preis: aperitif 7 €, bus: piazza del risorgimento, u-bahn: ottaviano

(11) Essen im **Mondo Arancina** ist eine Begegnung mit der sizilianischen Küche. Köstliches Beispiel ist die *arancina* ("Orange"), eine frittierte, mit Reis, Fleisch, Mozzarella und Erbsen gefüllte Kugel. Dieser Snack, in dem man Orangen vergeblich sucht, ist so üppig, dass er durchaus als Mittagessen herhalten kann.
via marcantonio colonna 38, www.mondoarancina.it, telefon: 06 9761 9213, geöffnet: täglich 9.00-0.00, preis: 2,50 €, u-bahn: lepanto, bus: piazza cavour

(12) Im **Sanacafé** helfen *food coaches* bei der Zusammenstellung des Essens. Oder werfen Sie vorab einen Blick auf die Website, wenn Sie wissen möchten, wie viele Kalorien jedes Gericht hat. Ob vegetarische Suppe, Vitamintrunk oder Reis mit Ingwer – alles ist supergesund.
via pompeo magno 12, www.sanacafe.it, telefon: 06 9603 5669, geöffnet: mo-sa 9.00-0.00, preis: nudelgericht 12 €, u-bahn: lepanto, bus: piazza cavour

ANTICO CAFFÈ DELLA PACE ㉛

⑭ Die Gerichte, die Chefkoch Arcangelo Dandini von **L'Arcangelo** serviert, sind superlecker und kreative Interpretationen von römischen Spezialitäten wie warmen Oktopus-Salat, frittiertes Kaninchen oder Zitronenpudding. Wenn Sie mal richtig gut essen gehen möchten, dann kommt der "Erzengel" wie gerufen.
via g. gioacchino belli 59, telefon: 06 3210992, geöffnet: mo-fr 13.00-14.30 & 20.00-23.00, sa 20.00-23.00, preis: 25 €, u-bahn: lepanto, bus: via cicerone

⑲ Die Namensgeber von **Da Alfredo & Ada** leben nicht mehr, aber ihr Sohn hat das Restaurant übernommen. Eine Speisekarte existiert nicht. Der Besitzer zählt am Tisch auf, was es heute gibt: *pasta all'amatriciana* oder Kalbseintopf zum Beispiel. Das Essen ist original römisch und einfach, aber bezahlbar.
via dei banchi nuovi 14, telefon: 06 878842, geöffnet: mo-fr 12.00-15.00 & 19.00-22.30, preis: 7 €, bus: piazza chiesa nuova

㉒ Bei **Mimì e Cocò** duftet es so verlockend nach Pizza, dass man sich fast schon einen Platz draußen auf der (im Winter beheizten) Terrasse suchen muss. Wer ein Glas Wein bestellt, bekommt etwas Salat, Oliven und Bruschette dazu gereicht, nach einer ganzen Mahlzeit gibt es – fast immer – einen Limoncello (Zitronenlikör) auf Kosten des Hauses.
via del governo vecchio 72, www.mimiecoco.com, telefon: 06 68210845, geöffnet: täglich 9.30-2.00, preis: glas wein 5 €, bus: piazza chiesa nuova

㉔ Im **Cul de Sac** gibt es 1500 verschiedene Sorten Wein, Prosecco und Grappa. Bevor Sie anfangen, darüber nachzudenken, wie alle diese Flaschen in die Bar passen, bestellen Sie lieber gleich etwas: ein leckeres Glas Wein und etwas Käse, Wurst, Hummus oder Gemüsekuchen.
piazza pasquino 73, www.enotecaculdesacroma.it, telefon: 06 68801094, geöffnet: täglich 12.00-0.30, preis: glas wein ab 4 €, bus: corso del rinascimento

㉛ Setzen Sie Ihre schönste Sonnenbrille auf, bestellen Sie einen Cappuccino und betrachten die Leute im **Antico Caffè della Pace**. Hier geben sich die Promis Roms die Türklinke in die Hand. Die Jugendstil-Einrichtung ist einzigartig, doch noch schöner ist die Terrasse mit den efeubewachsenen Mauern.
via della pace 3-7, www.caffedellapace.it, telefon: 06 6861216, geöffnet: mo 15.30-02.00, di-so 8.30-2.00, preis: kaffee 3 €, bus: piazza chiesa nuova

㉜ Wenn man auf dem Balkon eines Klosters aus dem 15. Jahrhundert sitzt und dort zu Mittag isst, macht es fast nichts mehr aus, was man isst. Aber das Essen des Bistros von **Chiostro del Bramante** ist zudem noch richtig lecker. Probieren Sie einen Salat, Carpaccio oder den Brunch.
arco della pace 5, www.chiostrodelbramante.it, telefon: 06 68809036, geöffnet: mo-fr 10.00-20.00, sa-so 10.00-21.00 (12.00-15.00, sa-so brunch 10.00-15.00), preis: salat 8 €, bus: piazza chiesa nuova oder corso del rinascimento

㉝ Der Koch des **NO.AU** wird "MacGyver" genannt. Kein Wunder, denn wer es schafft, in einer nur sieben Quadratmeter großen Küche ohne Herd (!) solch herrliche Gerichte zuzubereiten, muss wirklich findig sein. Lassen Sie sich die Häppchen zum Aperitif oder die Spezialitäten des Chefs schmecken.
piazza di montevecchio 16A, www.noauroma.wordpress.com, telefon: 06 45652770, geöffnet: di-do 18.00-1.00, fr-so 12.00-1.00, preis: hamburger 10 €, bus: piazza chiesa nuova oder corso del rinascimento

㉟ Der Leitspruch von **Circus** sagt alles über diese Bar: "Rock & Roll, Paranoia, Cigarettes & Alcool". Tagsüber kann man sich über den kostenlosen Hotspot ins Netz einklicken oder in den zahlreichen Reise- und Kunstmagazinen blättern.
via della vetrina 15, www.circusroma.it, telefon: 06 97619258, geöffnet: täglich 10.00-2.00, preis: bier 5 €, bus: piazza chiesa nuova oder corso del rinascimento

㊱ Die **Gelateria del Teatro** ist berühmt für ihre fantasievollen Geschmacksrichtungen wie zum Beispiel weiße Schokolade mit Basilikum. Es gibt auch erfrischende Granitas (eine Art Wassereis aus Sizilien). Die hauseigene Pizzeria, Pizza del Teatro, befindet sich nur ein paar Schritte weiter.
via dei coronari 65, telefon: 06 45474880, geöffnet: täglich 11.00-23.00, preis: 2,50 €, bus: via paola oder piazza chiesa nuova

⑨ **CASTRONI**

Shoppen

(6) Sie lieben italienische Designerlabels, Ihr Konto ist jedoch schon fast leergeräumt? Bei **Gente Outlet** gibt es alle bekannten Marken für einen Bruchteil des Originalpreises. Vieles ist aus der Vorsaison, aber Prada bleibt Prada!
cola di rienzo 246, www.genteroma.com, telefon: 06 68135000, geöffnet: di-sa 10.00-19.30, mo & so 11.00-14.00 & 15.30-19.30, u-bahn: ottaviano

(8) **Barbara Guidi** war einst Wissenschaftlerin mit Schwerpunkt Filmgeschichte, mittlerweile studiert sie Textildesign. In ihrem Laden verkauft sie von ihr selbst entworfene Kleidung, immer mit einem ausgefallenen Detail, sowie Taschen und Schmuck. Sie ist vor allem bekannt für ihre exzentrischen Kopfbedeckungen. Fantastische, filmreife Stücke für eine Hochzeit oder ein anderes Fest!
via dei gracchi 106, www.barbaraguidi.com, telefon: 06 98936884, geöffnet: mo 15.30-19.30, di-sa 10.30-13.30 & 15.30-19.30, u-bahn: ottaviano, bus: piazza del risorgimento

(9) **Castroni** ist eine lokale Kette altmodischer Delikatessenläden, in denen Spezialitäten aus Italien und anderen Ländern wie Japan, Griechenland und Thailand verkauft werden. Kokosmilch und Sojasoße sind natürlich schon lange keine Besonderheiten mehr, aber noch in den 1950er-Jahren war es schwierig, diese Produkte überhaupt zu bekommen. Heute sind vor allem die altmodische Einrichtung, die italienischen Leckereien und der gute Kaffee einen Besuch wert.
via cola di rienzo 196-198, www.castroni.it, telefon: 06 6874383, geöffnet: täglich 8.00-20.00, u-bahn: ottaviano, bus: piazza del risorgimento

(13) Die Inhaber von **40 Gradi**, ein Brüderpaar, reisen in alle großen Modemetropolen, um die coolste Streetwear einzukaufen: Punk aus London, sonderbare Marken aus Japan und Vintage von bekannten Sportmarken. Im Laden herrscht ein sympathisches Durcheinander, man kann sich sogar ein Bierchen selbst zapfen.
via virgilio 1, www.quarantagradi.it, telefon: 06 68134612, geöffnet: mo-sa 10.00-19.30, u-bahn: lepanto, bus: via cicerone

(20) In ihrem Laden **utilefutile** entwerfen die beiden Designerinnen Manuela und Emanuela hippe Kleidung, Taschen und Schmuck aus alten Materialien wie Teppichen oder Stickereien. Zusätzlich zu ihren eigenen Kreationen gibt es Kleider von jungen europäischen Designern.
via del governo vecchio 20a, www.utilefutilefashion.com, telefon: 06 68809488, geöffnet: mo-sa 10.00-19.30, so 12.00-19.30, bus: piazza chiesa nuova

(21) **Kolby** hat auch einiges für Frauen, ist aber vor allem ein Laden für die Herren der Schöpfung. In den hohen Räumen steht ein Verkaufstisch aus Marmor und um diesen herum hängen Kreationen der eigenen Modelinie oder simple Basics: Leinenhemden und -hosen, Grobstrick und coole Gürtel.
via del governo vecchio 63-65, www.kolby.it, telefon: 06 68803732, geöffnet: mo-di 11.00-20.00, mi-sa 10.00-20.00, so 12.00-19.30, bus: corso del rinascimento

(23) Vergessen Sie mal kurz Ihre Vorurteile gegenüber erotischen Geschäften, **ZouZou** ist erfrischend anders. In der Anprobe hängen pikante Bilder und wer hier eine Junggesellenparty veranstaltet, darf seinen Freunden als Model drei aufregende Outfits zeigen. In diesem stilvollen Laden gibt es spannende Lingerie und allerlei witzige Dinge, die Feuer in Ihr Liebesleben bringen.
vicolo della cancelleria 9a, www.zouzoustore.com, telefon: 06 6892176, geöffnet: mo 14.00-19.30, di-sa 11.00-19.30, bus: corso del rinascimento

(25) Strategic Business Unit, kurz **S.B.U.**, verkauft überwiegend Männerkleidung, neben Jeans auch italienische Sakkos mit modernem Schnitt – alles *made and designed in Italy*. Sie befinden sich hier in bester Gesellschaft, denn zahlreiche Promis kleiden sich bei S.B.U. ein.
via di san pantaleo 68, www.sbu.it, telefon: 06 68802547, geöffnet: mo-sa 10.00-19.30, bus: corso del rinascimento

(34) Der Name **Retrò** sagt alles: Möbel und Wohnaccessoires aus der Periode 1940 bis 1980. Psychedelische Gläser, Telefone und futuristische Stühle – alles ist noch wunderbar erhalten. Designkenner werden hier sicher berühmte Entwürfe von italienischen und skandinavischen Designern entdecken.
piazza del fico 20-21, www.retrodesign.it, telefon: 06 68192746, geöffnet: mo-sa 11.00-13.00 & 16.00-20.00, bus: piazza chiesa nuova oder corso del rinascimento

㊲ Die Gegend nördlich der Piazza Navona ist bekannt für ihre zahlreichen Antiquariate und Juweliere. Zur letzteren Kategorie gehört **Andy Lifschutz Company**. Die Inspiration für seine Kreationen – von massiven Ringen bis zu eleganten Halsketten – holt sich der junge amerikanische Goldschmied in der italienischen Hauptstadt.
via dell'arco di parma 3, www.andylifschutz.com, telefon: 01917 2884481, geöffnet: di-sa 11.00-19.00, bus: zanardelli

Rom live

③ Wer die **Vatikanischen Gärten** (Giardini Vaticani) besuchen möchte, muss sich mindestens zwei Tage vorher auf der Website anmelden. Die Führung dauert etwa zwei Stunden und beginnt am Eingang der Vatikanischen Museen. Ersatzweise können Sie auch eine Bustour buchen, die an der Via della Conciliazione startet. Die sehr gepflegten Gärten der einstigen Sommerresidenz von Papst Pius IV. (Casina Pius IV) bieten einen interessanten Einblick in das Leben im Vatikan.
viale vaticano, www.museivaticani.va, telefon: 06 69883145, führung: mo-di & do-sa, eintritt: 32 €, u-bahn: ottaviano, bus: piazza risorgimento

⑦ Seit seiner Eröffnung im Jahr 1930 ist der **Mercato Rionale** ein beliebter Treffpunkt der Römer. Trotz der Konkurrenz von Supermärkten bleibt es auf diesem Markt mit seinem frischen Obst, Gemüse, Fisch und Fleisch sehr lebendig.
via cola di rienzo 53, wechselnde öffnungszeiten, so geschlossen, u-bahn: ottaviano, bus: piazza risorgimento

⑯ Der **Parco Adriano**, der Park rund um die Engelsburg (Mausoleo di Adriano) mit ihren mächtigen Mauern, liegt auf zwei Ebenen. Auf der unteren Ebene gehen die Leute mit ihren Hunden spazieren, und Kinder rennen um die Wette. Oben können Sie sich auf den hübschen Parkbänken herrlich unter den großen Bäumen ausruhen. Im Sommer finden hier Buchmärkte und Konzerte statt.
castel sant'angelo, geöffnet: von sonnenaufgang bis sonnenuntergang, eintritt: frei, u-bahn: ottaviano, bus: piazza chiesa nuova

㉖ 2011 wurde das Theater aus dem 18. Jahrhundert von Künstlern besetzt – aus Protest gegen die Kulturpolitik, die ihnen das Leben so schwer macht. Seitdem trägt das Theater den Namen **Teatro Valle Occupato**, und es finden hier ganz besondere Vorstellungen statt. Es lohnt sich, einen Blick hineinzuwerfen. Nehmen Sie auch einen Drink im Foyer, wenn Sie die Initiative tatkräftig unterstützen möchten.
via del teatro valle 21, www.teatrovalleoccupato.it, telefon: 06 68803794, wechselnde öffnungszeiten, siehe website, bus: corso vittorio emanuele II

PARCO ADRIANO (16)

Vatikan, Prati & Piazza Navona

SPAZIERGANG 3 (ca. 8,3 km)

Am Petersplatz den Säulengang und die Basilika bewundern und die Kuppel (1) besteigen. An den Mauern des Vatikans bis zum Eingang entlanggehen, um zu den Vatikanischen Museen (2) und Gärten (3) zu gelangen. Hinterher zur Stärkung auf der Piazza Risorgimento ein Brötchen (4) oder ein Mittagessen auf der schönen Dachterrasse (5) genießen. In der Via Cola di Rienzo (6) bummeln gehen und die Markthalle (7) besuchen. Dann rechts in die Via dei Gracchi einbiegen, um eine Kopfbedeckung (8) oder zurück auf die Via cola di Rienzo für Feinkost (9). Lust auf ein kreatives Mittagessen? Dann links in die Via Attilio Regolo und die erste Straße rechts (10) nehmen. In der zweiten Straße links gibt es einen sizilianischen Snack (11) oder etwas weiter in der Via Pompeo Magno, der ersten Straße rechts, ein Bio-Mittagessen (12). Zur Via Attilio Regolo zurückgehen, die in die Via Virgilio mündet, wo es Streetwear (13) gibt. Weitergehen und links in die Via Cassiodoro, wo sich ein schickes Restaurant (14) befindet. Dann rechts über die Via Cicerone Richtung Piazza Cavour mit dem mächtigen Justizpalast (15). Den Platz überqueren und sich rechts halten, um zum Parco Adriano (16) und der Engelsburg (17) zu gelangen. Die Engelsbrücke (18) überqueren und über die Via di Banco del Santo Spirito links Richtung Via dei Banchi Nuovi gehen. Unterwegs kommen Sie an zahlreichen Lokalen (19) und Boutiquen (20) vorbei. Geradeaus gehen, um coole Männerkleidung (21) anzuprobieren oder etwas zu trinken (22). Rechts im Vicolo della Cancelleria gibt es Aufreizendes (23). An der Piazza Pasquino können Sie etwas essen (24) oder Mode anprobieren (25). Dem Corso Vittorio Emanuele II ein Stück folgen und von dort Richtung Theater (26) spazieren. Hier links Richtung Piazza Navona (27) gehen, um den Brunnen (28) und die Kirche (29) zu bewundern. An der Nordseite des Platzes warten antike Schätze (30). Zum Brunnen zurückgehen, dann rechts der Via di Sant' Agnese bis zur Via della Pace folgen, um etwas zu trinken (31). Rechts Richtung Chiostro del Bramante (32) abbiegen und dann links, um ein biologisches Essen zu genießen (33). Über den Vicolo di Montevecchio erreichen Sie rechts die Piazza del Fico, wo sich ein Laden mit Retromöbeln (34) befindet. Nach dem Vicolo del Fico rechts abbiegen, um etwas zu trinken (35). Der Via della Vetrina folgen, wenn Sie Lust auf Eis haben (36). Dort rechts abbiegen und dann links in die Via dell'Arco di Palma, um zum Abschluss schönen Schmuck zu kaufen (37).

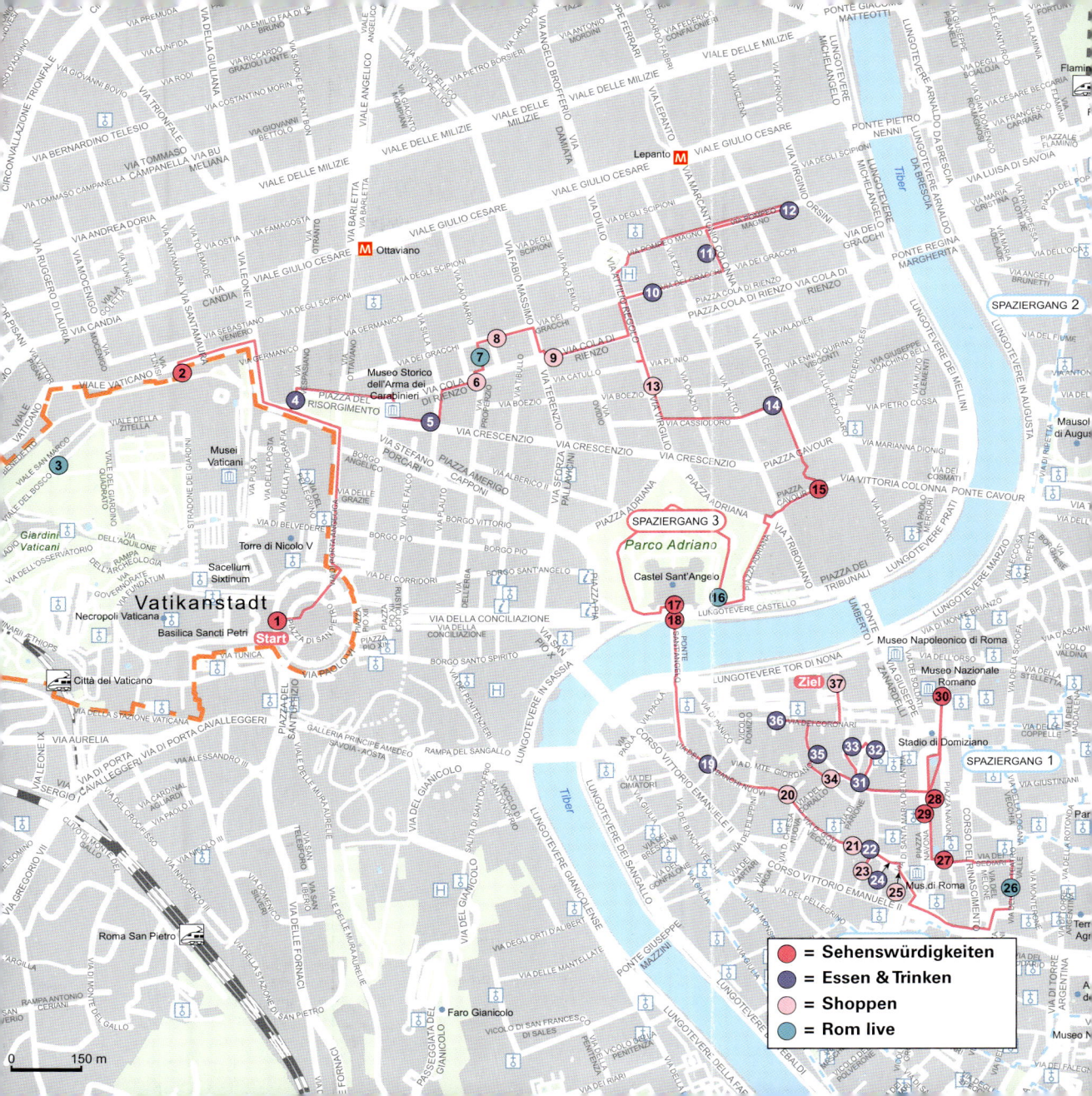

3

① Petersplatz/Petersdom/Kuppel
② Vatikan. Museen/Sixtinische Kapelle
③ Vatikanische Gärten
④ 200°
⑤ Trattoria sul Tetto
⑥ Gente Outlet
⑦ Mercato Rionale
⑧ Barbara Guidi
⑨ Castroni
⑩ Art Studio Café
⑪ Mondo Arancina
⑫ Sanacafé
⑬ 40 Gradi
⑭ L'Arcangelo
⑮ Palazzo di Giustizia
⑯ Parco Adriano
⑰ Engelsburg
⑱ Engelsbrücke
⑲ Da Alfredo & Ada
⑳ Utilefutile
㉑ Kolby
㉒ Mimì e Cocò
㉓ ZouZou
㉔ Cul de Sac
㉕ S.B.U.
㉖ Teatro Valle Occupato
㉗ Piazza Navona
㉘ Vierströmebrunnen
㉙ Sant'Agnese in Agone
㉚ Palazzo Altemps
㉛ Antico Caffè della Pace
㉜ Chiostro del Bramante
㉝ NO.AU
㉞ Retrò
㉟ Circus
㊱ Gelateria del Teatro
㊲ Andy Lifschutz Company

Campo de' Fiori, Ghetto & Trastevere

Blumen, Artischocken und Kanonenfeuer

Die Via Giulia und die Via di Monserrato sind die schönsten Renaissancestraßen der Stadt. Beide führen zum Palazzo Farnese, dem Sitz der französischen Botschaft. Ganz in der Nähe liegt der lebhafte Campo de' Fiori ("Blumenfeld"). Die Händler stehen hier schon früh am Morgen, kurz danach treffen die Käufer ein. Und auch abends ist viel los, dann stürzen sich Römer und Touristen ins Nachtleben. Denn Restaurants und Kneipen gibt es hier mehr als genug – von angesagten Bars bis zu traditionellen Trattorien. Und auch Shoppingfans finden hier alles, was ihr Herz begehrt. Auf der Via dei Baullari und der Via dei Giubbonari gibt es sowohl Freizeitkleidung als auch edle Modeshops.

Ein hübscher, kleiner Platz mit einem "Schildkrötenbrunnen" führt in die Mitte des ehemaligen Ghettos. So wird das jüdische Viertel zwischen Capitol und Tiber noch immer genannt. Mit seinen verwinkelten Gassen und der großen Synagoge ist es eines der authentischsten Viertel Roms. Noch heute wünschen sich die römischen Juden hier jeden Freitag einen ruhigen Sabbat. Dann

4

schließen die Restaurants, in denen man sonst die berühmten *carciofi alla giudìa* (frittierte Artischocken) essen kann. Die original römisch-jüdische Küche ist etwas ganz Besonderes, obwohl das Ghetto jahrhundertelang von Mauern umgeben war und die Juden in bitterer Armut lebten.

Wer bis jetzt dachte, dass es keine Inseln in einem Stadtfluss geben kann, sollte sich die Isola Tiberina, die Tiberinsel, anschauen. Wenn Sie dann noch den Fluss überqueren, gelangen Sie nach Trastevere, "jenseits des Tiber". Diese historische Gegend ähnelt mancherorts beinahe einem Dorf, so ruhig ist es hier. An anderen Stellen tummeln sich Unmengen von Touristen, und es wird vor allem nachts lebendig. Trotz aller Veränderungen sind die Bewohner des ursprünglichen Trastevere sehr stolz auf ihren Stadtteil.

Zwei weitere beliebte Attraktionen sind der Botanische Garten und die Villa Farnesina. Von dort erreichen Sie nach einem herrlichen Spaziergang Gianicolo, einen Hügel, der hoch über dem Stadtteil thront. Oben haben Sie vom Platz aus eine wunderbare Aussicht. Jeden Tag um Punkt 12 Uhr ertönt Kanonenfeuer.

6 Insider-Tipps

Galleria Spada

Borrominis perspektivischen Säulengang bestaunen.

Campo de' Fiori

Auf dem lebendigen Platz etwas trinken.

Fish Market

Frischen Fisch kaufen.

La Cravatta su Misura

Eine maßgeschneiderte Krawatte erstehen.

Ibiz

Eine wunderbare Ledertasche kaufen.

Santa Maria in Trastevere

Imposante Mosaike in einer alten Kirche bewundern.

 Sehenswürdigkeiten   **Essen & Trinken**
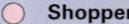 **Shoppen**   **Rom live**

Sehenswürdigkeiten

④ Die Franzosen hätten keinen schöneren Ort als den **Palazzo Farnese** für ihre Botschaft wählen können. Der Auftrag, den Palast zu erbauen, wurde 1514 erteilt. Bis er jedoch fertig war, dauerte es weitere 60 Jahre. Viele Architekten, darunter Michelangelo und Giacomo della Porta, haben daran mitgearbeitet. Die Granitbecken, die jetzt auf dem Platz stehen, stammen ursprünglich aus den Caracalla-Thermen. Besichtigen kann man den Palast nur während einer Führung, zu der man sich frühzeitig anmelden muss.
piazza farnese, www.ambafrance-it.org, telefon: 06 68809791, geöffnet: besuch nur möglich an mo, mi & fr und nach voranmeldung über die website www.inventerrome.com, eintritt: 5 €, bus & straßenbahn: via arenula

⑤ Im **Palazzo Spada** können Besucher die Gemäldesammlung des Kardinals Bernardino Spada bewundern, zu der auch Werke von Guido Reni und Tizian gehören. Bekannt wurde der Palazzo jedoch durch Borrominis perspektivischen Säulengang. Aus Platz- und Kostengründen konnte damals kein echter Säulengang gebaut werden. Wer keine Zeit hat, den Palazzo zu besichtigen, sollte wenigstens durch das linke Fenster im Innenhof einen Blick auf diese optische Täuschung werfen.
piazza capo di ferro 13, www.galleriaborghese.it, telefon: 06 32810, geöffnet: di-so 8.30-19.30, eintritt: 5 €, bus & straßenbahn: via arenula

⑭ Die vier Tempel der **Area Sacra dell'Argentina** gehören zu den ältesten Roms. In den 1920er-Jahren wurden sie bei Bauarbeiten entdeckt. Die Regierung unter Mussolini war jedoch mehr am Prestige interessiert als an wissenschaftlichen Erkenntnissen, und somit hielt man diese Entdeckung geheim. Die Ausgrabungen wurden nie abgeschlossen, und viele Fragen sind offengeblieben. Einige Archäologen glauben, dass sich hier die Curia di Pompeo befand, wo Julius Caesar ermordet wurde. Das Gelände wird aufgrund der vielen Streunerkatzen, die hier leben, auch "Katzenforum" genannt.
largo di torre argentina (via arenula ecke via florida), www.romancats.com, telefon: 06 6872133, führung: mi & fr-sa, englischsprachig 16.30, anmeldung bei roman cats, eintritt: um eine spende wird erbeten, bus: largo di torre argentina

(15) Das Museum der **Crypta Balbi** zeigt, wie sich die Stadt im Laufe der Jahrhunderte verändert hat. Die Sammlung beginnt in der Kaiserzeit, als sich hier das Theater und die Krypta von Balbi (einem wichtigen General) befanden. Teile der Krypta wurden dazu verwendet, um Bäder, Öfen, Toiletten, große Paläste, Geschäfte und im Mittelalter ein Kloster für Töchter von Prostituierten zu bauen.
via delle botteghe oscure 31, www.archeoroma.beniculturali.it, telefon: 06 39967700, geöffnet: di-so 9.00-19.45, eintritt: 7 € (kombiticket mit palazzo altemps, palazzo massimo & terme di diocleziano), bus: largo di torre argentina

(16) Die Kirche **Santissimo Nome di Gesù** (kurz Il Gesù) wurde zwischen 1568 und 1584 erbaut und war die Hauptkirche des Jesuitenordens. Ignatius von Loyala, der Gründer dieses Ordens, wurde in der Kirche begraben. Sie können sein reich verziertes Grab in einer Seitenkapelle auf der linken Seite besichtigen. Ein Tipp: Klopfen Sie beim Pförtner rechts neben dem Eingang an die Tür und fragen, ob Sie die Stanza di Sant'Ignazio sehen dürfen.
piazza del gesù, www.chiesadelgesu.org, telefon: 06 697001, geöffnet: täglich 7.00-12.30 & 16.00-19.45, eintritt: frei, bus: largo di torre argentina

(17) Auf der eleganten **Piazza Mattei** befindet sich die schöne Fontana delle Tartarughe (Schildkrötenbrunnen). Der Legende nach wollte ein junger Adliger mit finanziellen Problemen dem Vater seiner Geliebten zeigen, dass er durchaus in der Lage war, Großes zu vollbringen. In nur einer Nacht ließ er den Brunnen auf dem Platz erbauen. Danach vermauerte er das Fenster des Palastes, aus dem die Geliebten gemeinsam auf den Brunnen blicken konnten, mit den Worten: "Vermauer das Fenster, denn so, wie wir es sahen, sahen nur wir es." Den Beweis sehen Sie im ersten Stockwerk der Nummer 18. Wahrscheinlicher ist jedoch, dass Giacomo della Porta den Brunnen Ende des 16. Jahrhunderts entwarf. Die originalgetreuen Schildkröten fügte später Bernini hinzu.
piazza mattei, bus: largo di torre argentina

(23) Julius Caesar begann mit dem Bau des **Teatro di Marcello**, eines der größten Theater des alten Rom, und Augustus stellte es rund 12 n. Chr. fertig. Hier fanden allerdings nie Gladiatoren- oder Sportwettkämpfe statt. Augustus widmete das Theater seinem Neffen Marcellus, der jung starb.
eingang an der via foro piscario (via del portico d'ottavia) ecke via del teatro di marcello, geöffnet: täglich im winter 9.00-18.00, im zomer 9.00-19.00, eintritt: frei, bus: piazza venezia

PALAZZO FARNESE ④

㉔ Die **Synagoge** und das **Museo Ebraico di Roma** bilden das Herz des jüdischen Viertels. Mit einer Geschichte, die rund 2000 Jahre zurückreicht, ist dies die älteste jüdische Gemeinschaft Europas. Die römischen Juden sind verschiedene Male Opfer von Verfolgungen geworden. Vor allem im 16. Jahrhundert, als der antisemitische Papst Paulus IV. die Juden zwang, innerhalb der Mauern des kleinen Ghettos unter fürchterlichen Umständen zu leben. Dieses Gesetz, dass Juden weggesperrt gehörten, galt ganze 200 Jahre lang! Im Museum zeigt ein Film (auf Englisch und Italienisch) die Geschichte der Juden.
lungotevere de' cenci, www.museoebraico.roma.it, telefon: 06 68400661, geöffnet: 16. sept.-15. juni so-do 10.00-16.15, fr 9.00-13.15, 16. juni-15. sept. so-do 10.00-18.15, fr 10.00-15.15, eintritt: 11 €, bus: largo di torre argentina

(28) Der Legende nach wurde die **Basilica di Santa Cecilia** dort erbaut, wo früher das Haus der heiligen Cecilia stand. Cecilia, eine überzeugte Christin, sollte getötet werden, indem man sie in ihrem eigenen Bad zu Tode "kochte". Sie blieb drei Tage im kochenden Wasser und sang angeblich sogar, aber es passierte nichts. Darum wurde beschlossen, sie zu köpfen. Jedoch schaffte es der Henker nicht, ihren Kopf komplett abzutrennen, sodass sie noch drei Tage lebte. Heute gilt sie als Schutzpatronin der Musik. Die Kirche wurde im 9. Jahrhundert erbaut, die Umbauten am Giebel stammen aus dem 12. Jahrhundert und die Einrichtung hauptsächlich aus dem 18. Jahrhundert.
piazza di santa cecilia 22, www.benedettinesantacecilia.it, telefon: 06 45492739, geöffnet: täglich 9.15-12.45 & 16.00-18.00, straßenbahn: viale di trastevere

(32) Die kleine Renaissancekapelle **Tempietto del Bramante** (Bramantes Tempelchen) ist das Werk des Namensgebers aus dem frühen 16. Jahrhundert. Auftraggeber war der spanische König, der das Bauwerk zu Ehren des heiligen Petrus errichten ließ, der genau an dieser Stelle gekreuzigt worden sein soll.
piazza di san pietro in montorio 2, www.sanpietroinmontorio.it, telefon: 06 5813940, geöffnet: mo-fr 8.30-12.00 & 15.00-16.00, sa-so 8.30-12.00, eintritt: frei, bus & straßenbahn: viale di trastevere

(33) Laut Überlieferung ist **Santa Maria in Trastevere** aus dem 4. Jahrhundert die erste christliche Kirche, die in Rom errichtet wurde. Und ihr Standort ist kein Zufall. 38 v. Chr. floss rechts vom heutigen Hauptaltar einen Tag lang ein Ölstrom aus dem Boden. Im Nachhinein wurde dies als Zeichen für die baldige Ankunft Christi gesehen. Das heutige Gebäude stammt ebenso aus dem 12. Jahrhundert wie die goldenen Mosaike an der Decke, auf denen Maria mit ihrem Kind zu sehen ist. Die Säulen in der Kirche stammen aus der Antike.
piazza santa maria in trastevere, telefon: 06 5814802, geöffnet: täglich 7.30-21.00 (außer im august), eintritt: frei, straßenbahn: viale di trastevere

(36) In einer hübschen Ecke von Trastevere befindet sich die **Galleria Corsini**, ein Museum, in dem ein Teil der Sammlung der Galleria Nazionale d'Arte Antica ausgestellt ist. Sie finden hier vor allem Malereien aus dem 16. und 17. Jahrhundert, zum Beispiel von Rubens und van Dyck. Das schönste Zimmer ist das der Königin Christina von Schweden, die 1689 im Palast starb.
via della lungara 10, www.galleriacorsini.beniculturali.it, telefon: 06 68802323, geöffnet: mo & mi-so 8.30-19.30, eintritt: 5 €, straßenbahn: viale di trastevere

SANTA MARIA IN TRASTEVERE ㉝

㊲ In der **Villa Farnesina** können Sie Renaissancearchitektur, geometrisch angelegte Gärten und Fresken von Peruzzi und Raffael bewundern. Der Eigentümer, der reiche Bankier Agostini Chigi, ließ in einem Zimmer Fresken seiner nackten Geliebten anbringen, seine Frau stand wahrscheinlich für *Die Hochzeit von Alexander und Roxane im Schlafzimmer* Modell.
via della lungara 230, www.villafarnesina.it, telefon: 06 6802726, geöffnet: mo-sa 9.00-14.00, eintritt: 6 €, straßenbahn: viale di trastevere

Essen & Trinken

(2) **Il Goccetto** (der "Schluck") befindet sich in einem Haus aus dem 18. Jahrhundert und ist schon seit mehr als 30 Jahren eine Institution in dieser Gegend. Der große Trumpf des Lokals: über 800 verschiedene Weine. Nehmen Sie etwas Käse oder Prosciutto dazu, dann kommt der Wein noch besser zur Geltung.
via dei banchi vecchi 14, www.ilgoccetto.com, telefon: 06 6864268, geöffnet: mo 18.30-0.00, di-sa 11.30-14.30 & 18.30-0.00, preis: glas wein 5 €, bus: piazza chiesa nuova

(6) **Da Sergio** ist eine typische Trattoria, die bekannt ist für ihre Carbonara. Was das Traditionslokal sonst noch zu bieten hat, zeigt Ihnen ein Blick in die Vitrinen. Bestellen Sie nach dem Essen die lokale Spezialität L'incendio di Nerone: Nach einem Schluck liegt Ihnen das Essen ganz bestimmt nicht schwer im Magen.
vicolo delle grotte 27, telefon: 06 066864293, geöffnet: mo-sa 12.30-15.00 & 18.30-23.00, preis: nudelgericht 10,00 €, bus: via arenula

(9) Das **Grappolo d'Oro Zampanò** ist eine uralte Trattoria, die sich komplett neu erfunden hat. Der Chefkoch Fabrizia interpretiert sehr kreativ römische Klassiker. Probieren Sie Lamm oder einen Flan mit Pecorino.
piazza della cancelleria 80-84, www.hosteriagrappolodoro.it, telefon: 06 6897080, geöffnet: mo & do-so 12.45-15.00 & 19.00-23.30, di-mi 19.00-23.00, preis: nudelgericht 9,50 €, bus: largo di torre argentina

(10) Bei **Il Fornaio** haben Sie die Qual der Wahl: Mehr als 30 Sorten Kekse, 20 verschiedene Torten, Brote und Pizza machen Ihnen die Auswahl schwer. Die Pizza Bianca, eine Pizza ohne Belag, ist hier besonders beliebt.
via dei baullari 7, geöffnet: täglich 7.00-0.00, bus: largo di torre argentina

(11) In der **Hostaria Costanza** sitzen Sie in den Ruinen des römischen Teatro di Pompeo, wo einst Julius Caesar ermordet wurde. Auf der Speisekarte stehen Nudel- und Fleischgerichte, besonders lecker sind aber die Antipasti: Brote mit Pilzen und Trüffel oder Leberpastete mit Mascarpone.
piazza del paradiso 63-65, www.hostariacostanza.it, telefon: 06 6861717, geöffnet: mo-sa 12.30-15.00 & 19.30-23.30, preis: nudelgericht 12 €, bus: corso vittorio emanuele II

ROSCIOLI ⑬

⑬ Die Bäckerei **Roscioli** erfreut die Römer schon seit drei Generationen mit der besten Pizza Bianca und anderen Brotsorten, aber mit der Salumeria/Vineria Rosciolo direkt um die Ecke haben die jüngsten Söhne einen Riesenhit gelandet. Sie können hier die tollsten Käsesorten, Schinken und Weine kaufen. Noch schöner ist es, sich eben hinzusetzen und einiges zu probieren wie Burrata, einen Käse, der auf der Zunge zergeht. Reservieren Sie vorher, vor allem abends.

via dei giubbonari 21, www.salumeriaroscioli.com, telefon: 06 6875287, geöffnet: bäckerei mo-sa 7.00-19.30, vineria mo-sa 12.30-16.00 & 20.00-0.00, preis: nudelgericht 14 €, bus: largo di torre argentina

(20) Italien ist berühmt für seinen Wein, aber kleine Brauereien mit besonderen Biersorten sind im Aufwind. In der Bierbar **Open Baladin** gibt es 40 Fass- und mehr als 100 Flaschenbiere. Das Essen – Hamburger, Salat und Pommes – hinterlässt keinen bleibenden Eindruck, aber die Bedienung ist freundlich.
via degli specchi 6, www.openbaladin.com, telefon: 06 6838989, geöffnet: täglich 12.00-2.00, preis: bier 5 €, bus: largo di torre argentina

(21) Beim Besuch des römischen Ghettos darf eine koschere Mahlzeit nicht fehlen. In dieser Straße gibt es das **Ba'ghetto** gleich zweimal, beide Lokale bieten Gerichte auf Milch- oder Fleischbasis. Ob Couscous, Gulasch oder jüdische Artischocken – in diesem Familienbetrieb wird eine bunte Mischung an Speisen aus dem Mittleren Osten aufgetischt.
via del portico d'ottavia 2a en 57, www.kosherinrome.it, telefon: 06 68892868, geöffnet: so-do 12.00-23.00, fr 12.00-15.00, sa 21.30-23.00, preis: nudelgericht 9 €, bus & straßenbahn: largo di torre argentina

(26) Wie auf einem Markt wählt man bei **Fish Market** seinen Fisch selbst aus. Dies geschieht einfach durch Ankreuzen auf der Speisekarte. Das Getränk dazu gibt es an einer speziellen Getränkebar, abgerechnet wird gleich.
vicolo della luce, www.fishmarket-roma.com, telefon: 3669144157, geöffnet: mo-fr 19.30-1.00, sa-so 13.00-15.30 & 19.30-1.00, preis: lachsburger 8 €, bus & straßenbahn: viale di trastevere

(29) Für ein romantisches Abendessen ist das **Ai Marmi** nicht geeignet: Vor der Tür steht immer eine lange Schlange hungriger Leute, die auf einen freien Platz warten. Die Tische aus weißem Marmor sind der Grund dafür, weshalb viele das Restaurant auch "l'obitorio" (Leichenhaus) nennen. Es geht hektisch und laut zu, aber das Restaurant versprüht einen eigenen Charme.
viale di trastevere 53-55, telefon: 06 5800919, geöffnet: do-di 19.00-2.00, preis: pizza 7 €, straßenbahn: viale di trastevere

(30) Das sehr beliebte **Baylon Cafè** liegt in einer ruhigen Straße in Trastevere. Kommen Sie zum Aperitif hierher, denn dann gibt es für nur acht Euro Köstlichkeiten wie Quiche, gedünstetes Gemüse und Couscous. Wer Lust auf ein amerikanisches oder italienisches Frühstück hat, ist hier auch richtig.
via di san francesco a ripa 151, telefon: 06 5814275, geöffnet: täglich 6.30-2.00, preis: aperitif 8 €, bus & straßenbahn: viale di trastevere

㉛ Ob Punch Paradise oder Kokos mit Saint-James-Rum – **Fata Morgana** ist ein innovatives Eiscafé, das den etablierten Konkurrenten in der Stadt mühelos das Wasser reichen kann.
piazza san cosimato, www.gelateriafatamorgana.com, telefon: 06 5803615, geöffnet: täglich 12.00-0.00, preis: 2 €, bus & straßenbahn: viale di trastevere

㉞ Die Terrasse des **Ombre Rosse** mitten in Trastevere ist ein idealer Ort, um bei einem Cappuccino oder Drink das römische Dolce Vita zu genießen. Das Lokal hat sich als Musik- und Kunstbar einen Namen gemacht. Ab und zu finden Livekonzerte statt sowie Ausstellungen junger Künstler.
piazza di sant'egidio 12-13, www.ombrerossecaffe.it, telefon: 06 5884155, geöffnet: täglich 7.30-2.00, preis: bier 6 €, straßenbahn: viale di trastevere

Shoppen

(8) Kleider mit Blümchen, gestreifte Hosen und Wollpullover: Die Kinderkleidung bei **Rachele** ist bunt, abwechslungsreich und geeignet für Kinder bis sechs Jahre. Sehr beliebt: die faltbare Wickeltasche.
vicolo del bollo 6-7, www.racheleartchildrenswear.it, telefon: 06 6864975, geöffnet: di-sa 10.30-14.00 & 15.30-19.30, bus: piazza chiesa nuova

(12) Inspiriert von den Gerbereien auf Ibiza eröffneten Elisa Nepis Eltern 1972 ihr eigenes Geschäft: **Ibiz**. Heute schwingt die Tochter das Zepter und fertigt in der kleinen Werkstatt hinter dem Laden Taschen, Gürtel, Sandalen und Geldbeutel, meist aus toskanischem Leder, an. Der Service ist top, auf die Ware gibt es eine lebenslange Garantie.
via dei chiavari 39, telefon: 06 68307297, geöffnet: mo-sa 9.30-18.30, bus & straßenbahn: via arenula

(18) Treten Sie ein in das wunderbare **Il Museo del Louvre**: Eine Sammlung von rund 30.000 beeindruckenden Fotos, einige von namhaften Fotografen oder Agenturen, erwartet Sie. Bewundern Sie Familienfotos, Stadtansichten und Modeaufnahmen. Zwei Türen weiter befindet sich ein Antiquariat mit noch mehr kuriosen Fundstücken sowie Briefen, Notizbüchern und alten Büchern.
via della reginella 26/28, www.ilmuseodellouvre.com, telefon: 06 68807725, geöffnet: mo-sa 11.00-14.00 & 15.30-19.30, bus: teatro marcello oder largo di torre argentina

(19) Bei **Beppe e i Suoi Formaggi** ("Beppe und sein Käse") gibt es viele verschiedene Käsesorten hübsch aufgereiht in einer langen Vitrine, und hinten im Laden reifen ganze Käselaibe. Kaufen Sie ein paar interessante Käsesorten für ein Picknick oder setzen Sie sich zu einer Käseprobe mit passendem Wein an einen der Tische.
via santa maria del pianto 9a, www.beppeeisuoiformaggi.it, telefon: 06 68192210, geöffnet: di-sa 9.00-22.30, so 9.00-15.30, bus: largo di torre argentina

⑱ **IL MUSEO DEL LOUVRE**

㉒ Echte Kochfreaks wissen nicht, wie ihnen geschieht, wenn sie die Treppen ins unterirdische **Leone Limentani** hinabsteigen. Schon seit 1820 gibt es dieses Küchengeschäft. Endlose Gänge mit Regalen voller Porzellan, Tafelsilber, Kristall und Küchengeräten. Oftmals noch in Schachteln verpackt, aber dafür viel günstiger als in den schicken Küchengeschäften.
via del portico d'ottavia 47, www.limentani.com, telefon: 06 68307000, geöffnet: mo-fr 9.00-13.00 & 16.00-20.00, sa 10.00-20.00, bus: largo di torre argentina

㉗ Gegründet wurde der elegante Krawattenladen **La Cravatta su Misura** von einem Mann (Alberto), heute wird er aber von einer Frau, der Tochter, geführt. Viele Seidenrollen warten hier darauf, zu einer maßgeschneiderten Krawatte verarbeitet zu werden. Außerdem gibt es auch Strickwesten und Wollschals.
via di santa cecilia 12, www.lacravattasumisura.it, telefon: 06 89016941, geöffnet: mo-fr 10.00-14.00 & 15.30-19.00, sa 10.00-14.00, straßenbahn: viale di trastevere

㉟ Auf der Suche nach einer neuen Sonnenbrille? Dann dürfen Sie **Occhio al Vicolo** nicht verpassen. Im orangefarbenen Interieur finden Sie Sonnenbrillen aller bekannter Marken, allerdings deutlich günstiger als sonst. Außerdem ist der Service toll, und der Laden hat bis spätabends geöffnet.
vicolo del cinque 7, www.occhioalvicolo.it, telefon: 06 58334242, geöffnet: täglich 10.30-0.00, straßenbahn: viale di trastevere

Rom live

(1) Bezaubernde Straßen gibt es viele in Rom, aber die 1000 Meter lange **Via Giulia** ist zweifelsohne eine der schönsten. Schlendern Sie an Kirchen, Antiquitätenläden, Galerien und Regierungsgebäuden vorbei. Der Baumeister Bramante entwarf diese Renaissancestraße für die Vatikan-Pilger.
via giulia, bus: piazza chiesa nuova

(3) Im Mittelalter war die **Via di Monserrato** als Wohnort nicht nur bei Kurtisanen beliebt, auch Michelangelo soll hier gelebt haben. Außerdem war Beatrice Cenci hier gefangen, bevor sie enthauptet wurde. Der Grund: Sie hatte ihren Vater umgebracht, der sie missbraucht hatte. Heute beherbergt die Straße nette Läden: Schmuck, Möbel, Filmposter. An Hausnummer 117 steht der freche Spruch "Trahit sua quemque voluptas" – jedem Tierchen sein Pläsierchen.
via di monserrato, bus: piazza chiesa nuova

(7) **Campo de' Fiori** gehört zu den lebhaftesten Orten Roms. Frühmorgens bauen hier die Händler ihre Stände auf und verkaufen bis 14 Uhr Gemüse, Obst und Blumen. Danach verwandelt sich der Platz langsam, aber sicher zum Szene-Treffpunkt.
piazza campo de' fiori, bus: piazza chiesa nuova

(25) Nur im Sommer sind die Ufer des Tiber und der **Tiberinsel** (Isola Tiberina) übersät mit Buden und Cafés. Die Insel beherbergt das Fatebenefratelli-Krankenhaus, das ganzjährig in Betrieb ist. Die Brücke Ponte Fabricio ist die einzige vollständig erhaltene Brücke aus dem alten Rom und stammt aus dem Jahr 62 v. Chr.
isola tiberina, lungotevere piereoni oder lungotevere di anguillara, bus: largo di torre argentina

CAMPO DE' FIORI ⑦

Campo de' Fiori, Ghetto & Trastevere

SPAZIERGANG 4 (ca. 9 km)

Der Spaziergang beginnt an der Via Giulia (1). Dieser Straße bis zur Via delle Carceri folgen, wo Sie etwas trinken können (2). Dann in die Via di Monserrato gehen, wo sich einige Läden (3) und eine Botschaft (4) befinden. Den Garten des Palazzo Spada (5) bestaunen und eine Kleinigkeit essen (6). Dann zurück zur Piazza Farnese und dort rechts Richtung Campo de' Fiori (7). Kinderkleidung finden Sie links in der Via del Pellegrino (8). Appetit? Dann zurückgehen und links zur Piazza della Cancelleria (9) (10). Die Piazza del Paradiso (11) überqueren und rechts in der Via dei Chiavari Lederwaren kaufen (12) oder Köstlichkeiten (13) kosten. Oder rechts abbiegen, um zu shoppen. Links über die Via Arenula erreichen Sie den Largo di Torre Argentina (14). Besuchen Sie die Crypta Balbi (15) und die Kirche zur Linken (16). Zurück beim Museum die Via Michelangelo Caetani nehmen. Die Via dei Funari rechts führt zu einem Brunnen (17). Auf dem Platz links können Sie besondere Fotos bewundern (18). Käsefans biegen am Ende rechts ab (19), und Bierfans überqueren die Via Arenula erneut (20). Dann zurück in die Via del Portico d'Ottavia, wo es einige jüdisch-römische Restaurants (21) gibt. Am Ende rechts finden Sie Kochutensilien (22) und das Teatro di Marcello (23). Rechts liegt die Synagoge (24), daran vorbei zur Insel (25) gehen und diese überqueren. Rechts am Wasser Richtung Vicolo della Luce spazieren, um Fisch zu kaufen (26). Weiter Richtung Via di Santa Cecilia, um eine Krawatte anfertigen zu lassen (27) oder eine Kirche (28) zu besuchen. Zurückgehen und links der Via dei Genovesi bis zum Viale Trastevere folgen, wo es köstliche Pizzen gibt (29). Die Straße überqueren und links Richtung Via delle Fratte di Trastevere, um an der Ecke einen Aperitif (30) zu trinken. Mit dem Rücken zum Café rechts in die Via di San Francesco a Ripa einbiegen. Dann über die erste Straße rechts Richtung Piazza San Cosimato gehen, um Eis zu essen (31). In die Via Luigi Santini und rechts abbiegen, um zum Tempel (32) zu gelangen. Etwas weiter erreichen Sie einen Brunnen. Bei der Via di Porta San Pancrazio die Treppe nehmen, rechts halten und weiter bis zur Kirche (33) in der Via della Paglia. Anschließend umdrehen und auf der Terrasse des Ombre Rosse (34) etwas trinken. Dann rechts in den Vicolo del Cinque für Sonnenbrillen (35). Am Ende der Straße links in die Via Benedetta. Rechts halten, um in der Via della Lungara Kultur zu bewundern (36) (37).

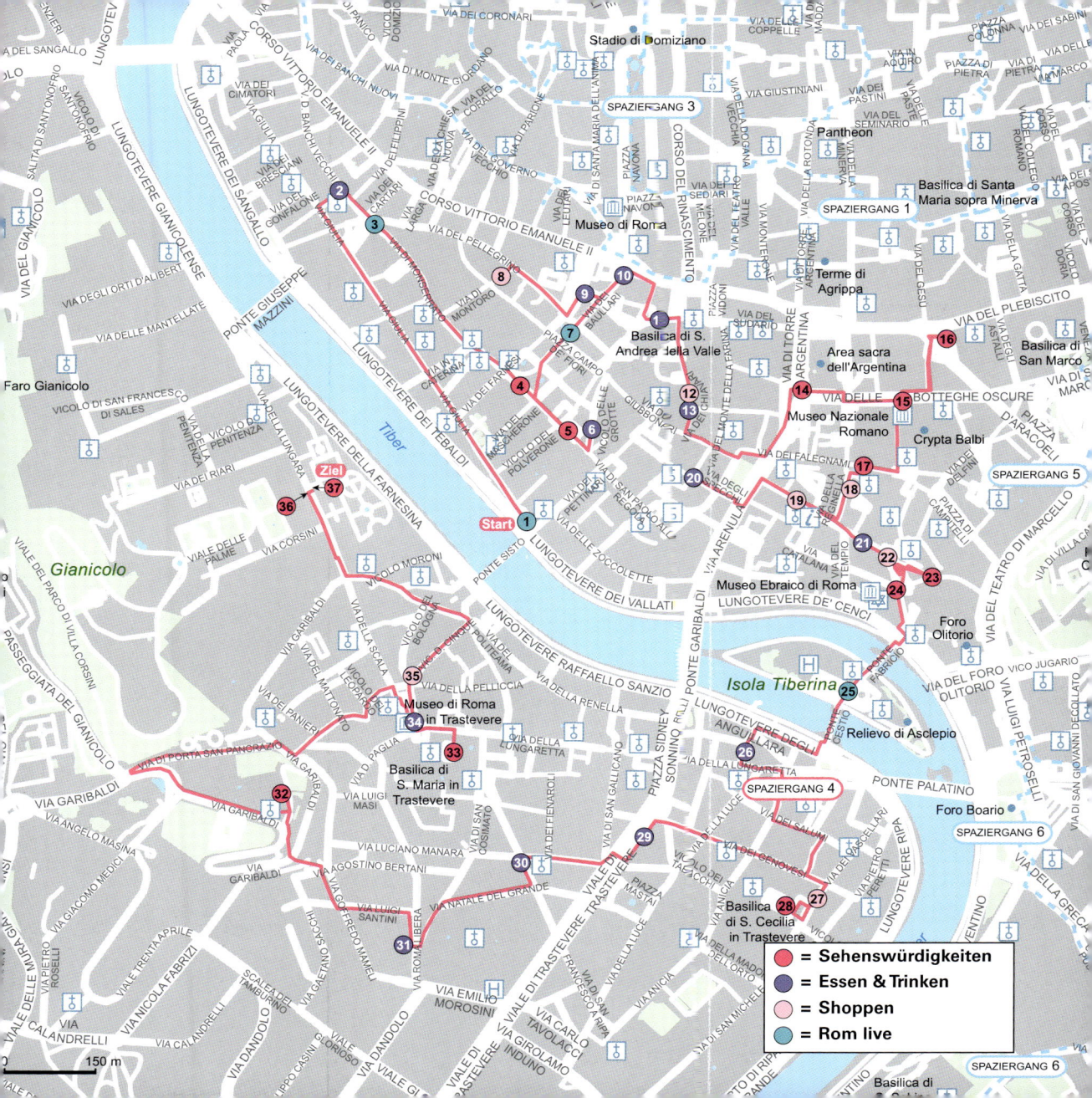

4

Termini, Monti & Fori Imperiali

① Via Giulia
② Il Goccetto
③ Via di Monserrato
④ Palazzo Farnese
⑤ Palazzo Spada
⑥ Da Sergio
⑦ Campo de' Fiori
⑧ Rachele
⑨ Grappolo d'Oro Zampanò
⑩ Il Fornaio
⑪ Hostaria Costanza
⑫ Ibiz
⑬ Roscioli
⑭ Area Sacra dell'Argentina
⑮ Crypta Balbi
⑯ Santissimo Nome di Gesù
⑰ Piazza Mattei
⑱ Il Museo del Louvre
⑲ Beppe e i Suoi Formaggi
⑳ Open Baladin
㉑ Ba'ghetto
㉒ Leone Limentani
㉓ Teatro di Marcello
㉔ Sinagoga/Museo Ebraico di Roma
㉕ Tiberinsel
㉖ Fish Market
㉗ La Cravatta su Misura
㉘ Basilica di Santa Cecilia
㉙ Ai Marmi
㉚ Baylon Cafè
㉛ Fata Morgana
㉜ Tempietto del Bramante
㉝ Santa Maria in Trastevere
㉞ Ombre Rosse
㉟ Occhio al Vicolo
㊱ Galleria Corsini
㊲ Villa Farnesina

Zwischen riesigen Thermen und einem imposanten Amphitheater

Einst befand sich in der Gegend des heutigen Hauptbahnhofs Termini die größte Thermenanlage Roms. Gut erkennbar ist dies noch an der Form der Piazza della Repubblica. Mehr darüber erfahren Sie im benachbarten Museum Terme di Diocleziano und im Palazzo Massimo alle Terme. Letzteres liegt am Fuß des Viminals, eines der sieben Hügel der Stadt.

Einer dieser Hügel ist der Esquilin mit der Kirche Santa Maria Maggiore als Orientierungspunkt. Hier befindet sich auch San Pietro in Vincoli, die Kirche mit dem berühmten Michelangelo-Werk *Moses*.

Monti war früher ein Arbeiterviertel mit Bordellen, billigen Tavernen und vielen Handwerksbetrieben. Deren Werkstätten gibt es noch heute, auch wenn sie inzwischen von Künstlern und Designern genutzt werden. Die Tavernen haben sich mittlerweile in hippe Weinbars verwandelt. Und in den kleinen Straßen findet man eine Boutique nach der anderen sowie schöne Trattorien. Beinahe

5

täglich wird hier gefilmt: Die Mischung aus halb zerfallenen Gebäuden und hipper Szene ist offenbar sehr attraktiv. Einige Künstler finden Monti schon fast wieder zu trendy. Die Mieten sind immens gestiegen, und die echte Avantgarde ist schon längst in andere Stadtteile umgezogen.

Auf der Piazza Venezia ist das Denkmal Vittorio Emanuele II. nicht zu übersehen. Dieses imposante weiße Gebäude wird oft "Hochzeitstorte" genannt. Auf dem Kapitol können Sie in den Kapitolinischen Museen rund 1300 teils antike Kunstwerke bestaunen. Von der nach Plänen Michelangelos gestalteten Piazza del Campidoglio, an der die Museumsgebäude stehen, hat man eine tolle Aussicht.

Die lebendige Via dei Fori Imperiali verbindet die Piazza Venezia mit dem Kolosseum auf dem Caelius-Hügel. Die meisten denken zuerst ans Kolosseum, wenn sie an Rom denken. Die mutigen Gladiatoren, die hier kämpften, regen schon seit Jahrhunderten unsere Fantasie an. Die Römer im Gladiatorenkostüm, die heute mit Ihnen aufs Foto wollen, haben mit tapferen Kämpfern allerdings nicht mehr viel gemein.

6 Insider-Tipps

Kolosseum

Die Größe auf sich wirken lassen.

Palazzo Massimo

Eindrucksvolle Kunstwerke bestaunen.

Pierrot le Fou

Sich in einer schicken Bar mit Italienern treffen.

Kokoro

Handgefertigte Kleidungsstücke anprobieren.

Trajansmärkte

Eines der ältesten "Einkaufszentren" besuchen.

Taverna Pretoriana

Kulinarische Raffinesse bei tollem Service genießen.

- **Sehenswürdigkeiten**
- Shoppen
- **Essen & Trinken**
- **Rom live**

Sehenswürdigkeiten

(2) Von den **Diokletiansthermen** (Terme di Diocleziano) sind heute nur noch wenige Überreste erhalten. Das Kaltwasserbecken maß über 3500 Quadratmeter und bot Platz für 3000 Badende – damit war es doppelt so groß wie die Caracalla-Thermen. An der Stelle der großen Exedra entstand später die Piazza della Repubblica, und der zentrale Bau der Thermen verschwand unter der Kirche Santa Maria degli Angeli e dei Martiri. Im Thermen-Museum ist eine Sammlung antiker Inschriften und anderer archäologischer Funde zu sehen.
viale enrico de nicola 79, www.archeoroma.benculturali.it, telefon: 06 39967700, geöffnet: di-so 9.00-19.45, eintritt: 7 €, bus & u-bahn: termini

(3) Der **Palazzo Massimo alle Terme** führt seine Besucher auf eine Kunstreise durch fünf Jahrhunderte. Weltberühmt ist der *Diskuswerfer*, der nach dem griechischen Bronzevorbild von Miró im 2. Jahrhundert aus Marmor gefertigt wurde. Atemberaubend sind auch die Wandmalereien, die aus der Sommerresidenz von Augustus' Ehefrau Livia stammen.
piazza dei cinquecento 67, www.archeoroma.beniculturali.it, telefon: 06 39967700, geöffnet: di-so 9.00-19.45, eintritt: 7 €, bus & u-bahn: termini

(4) Die **Piazza della Repubblica** trug bis 1960 den Namen Piazza dell'Esedra, benannt nach der halbrunden Exedra der Diokletiansthermen. Der Platz wurde vor etwa 150 Jahren nach Plänen des Architekten Gaetano Koch gestaltet. Der ursprüngliche Najaden-Brunnen (Fontana delle Naiadi) in der Mitte des Platzes wurde 1885 von Alessandro Guerrieri errichtet, die heutige Ausführung stammt aus dem frühen 20. Jahrhundert.
piazza della repubblica

(5) Ganz in der Nähe des Hauptbahnhofs Termini auf dem Hügel Esquilin liegt die beeindruckende **Basilica di Santa Maria Maggiore**. Der Legende nach ließ Papst Liberius diesen Dom im 4. Jahrhundert erbauen. Er träumte, dass Maria ihn beauftragte, an dem Ort, an dem in der Nacht Schnee fallen würde, ein Gotteshaus zu errichten. Am folgenden Morgen lag Schnee auf dem Esquilin. Etwa 100 Jahre später ließ Papst Sixtus III. die Kirche umbauen. Auffallend schön ist die Kassettendecke, und der Glockenturm ist der höchste der Stadt.
piazza di santa maria maggiore, www.vatican.va, telefon: 06 483195, geöffnet: täglich 7.00-19.00, eintritt: frei, u-bahn: termini oder vittorio emanuele

㉗ TRAJANSMÄRKTE

⑨ Die Kirche **San Pietro in Vincoli** (St. Peter in den Ketten) wurde im 5. Jahrhundert angeblich an der Stelle erbaut, an der man die Ketten fand, mit denen Petrus in Rom gefesselt worden war. Das Gotteshaus besteht aus drei jeweils mit 20 antiken Säulen voneinander getrennten Schiffen. Prunkstück der Kirche ist Michelangelos Grabmal für Papst Julius II., der die Kirche errichten ließ. An der überlebensgroßen Moses-Statue arbeitete Michelangelo von 1513 bis 1515.
piazza san pietro in vincoli 4/a, telefon: 06 97844952, geöffnet: täglich 8.00-12.30 & 15.00-18.00, eintritt: frei, u-bahn: cavour

㉗ Die **Trajansmärkte** wurden im frühen 2. Jahrhundert n. Chr., in der Blütezeit Roms, vom Architekten des Kaisers Trajan gebaut. Heute ermöglichen sie uns einen Einblick in das Leben in jener Zeit. Damals, als die Fischhändler ihre Waren lautstark feilboten und die Holzräder der Karren über das Pflaster rollten, gab es hier 150 Läden (Obst, Gemüse, Gewürze) und "Büros". Einen schönen Blick auf die Märkte und auf die Fori Imperiali hat man in der Via Alessandrina.
via IV novembre 94, www.mercatiditraiano.it, telefon: 06 0608, geöffnet: di-so 9.00-19.00, eintritt: 11,00 € (inkl. museo dei fori imperiali), bus: piazza venezia

㉘ Auf der **Trajanssäule** sind ganze 2500 Figuren abgebildet, verteilt auf 25 große Marmorblöcke. Die Reliefs erzählen von den Feldschlachten Kaiser Trajans in Dacia, dem heutigen Rumänien. Mit der Kriegsbeute konnte Trajan den Bau seines Forums bezahlen. Die Säule ist genauso hoch wie der Hügel, der abgetragen werden musste, um die Trajansmärkte zu bauen.
via dei fori imperiali, bus & straßenbahn: piazza venezia

㉛ Mussolini verwendete den **Palazzo di Venezia** als Hauptquartier und hielt vom Balkon an der Piazza Venezia aus seine Reden. Im 16. und 17. Jahrhundert beherbergte das Gebäude die Botschaft der Republik Venezia. Heute ist es ein Museum mit Kunst aus jener Zeit, unter anderem Malereien, Keramik, Sakralkunst und Porträts (achten Sie auf die komplizierten Frisuren der Frauen).
via del plebiscito 118, www.museopalazzovenezia.beniculturali.it, telefon: 06 69994388, geöffnet: di-so 8.30-19.30, eintritt: 5 €, bus & straßenbahn: piazza venezia

㉝ Der Kapitolinische Hügel (Kapitol) ist der kleinste der sieben Hügel Roms, aber er ist darum nicht weniger schön. Auf seinem Gipfel liegt der von Michelangelo entworfene **Piazza del Campidoglio** (Kapitolsplatz), auf dem eine Kopie der Statue von Mark Aurel aus dem 2. Jahrhundert n. Chr. steht. Die Originalstatue befindet sich in den **Kapitolinischen Museen** (Musei Capitolini), die in den zwei Palästen auf dem Platz untergebracht sind. 1734 waren dies die ersten öffentlich zugänglichen Museen der Welt. Im Innenhof des Palazzo dei Conservatori sehen Sie Teile der riesigen Statue von Konstantin und die *Lupa Capitolina*, eine etruskische Statue aus dem Jahr 500 v. Chr. Diese zeigt die Wölfin, die die Zwillinge Romulus und Remus gesäugt haben soll.
piazza del campidoglio 1, www.museicapitolini.org, telefon: 06 0608, geöffnet: di-so 9.00-20.00, eintritt: 13 €, bus: piazza venezia

㉟ Als Rom ein Kaiserreich war und die Stadt mindestens genauso schnell wuchs wie die Egos ihrer Herrscher, war das Forum Romanum schnell zu klein. Die **Fori Imperiali** (Kaiserforen) wurden errichtet. Julius Caesar ließ 54 v. Chr. das erste Forum bauen, und sein Adoptivsohn tat es ihm fünf Jahre später mit dem Forum Augustus nach. Am Ende der Via dei Fori Imperiali steht der Friedenstempel. Dem Kaiser Nerva blieb nur wenig Platz, darum liegt sein Forum eingequetscht zwischen dem Forum Augustus und dem Tempel. Das Tal zwischen Quirinal und Kapitol war damit voll, aber das hinderte Kaiser Trajan nicht daran, das allergrößte Forum bauen zu lassen. Dieses grenzt an die Trajansmärkte und die Trajanssäule.
via dei fori imperiali, geöffnet: rund um die uhr, eintritt: frei, bus: piazza venezia, u-bahn: cavour

㊱ Die Eröffnung des **Kolosseums** im Jahr 80 n. Chr. wurde mit Festspielen gefeiert, die 100 Tage und Nächte dauerten. Ganz verschiedene Spiele fanden hier statt – von Gladiatorenkämpfen bis zu Jagden und sogar Wasserschlachten. Der Architekt des Kolosseums erfand ein System, nach dem die rund 50.000 Zuschauer in wenigen Minuten hinein- und auch wieder hinausgehen konnten. Das System wird noch heute in modernen Sportstadien angewendet.
piazza del colosseo 1, www.archeoroma.beniculturali.it, telefon: 06 39967700, geöffnet: täglich ab 8.30 bis 1 std. vor sonnenuntergang, eintritt: 12 € (kombiticket mit palatino & forum romanum), u-bahn: colosseo

㊲ Die ursprüngliche Kirche **San Clemente** aus dem 4. Jahrhundert, die dem Papst Klemens I. geweiht war, ist auf den Überresten einer versteckten Kirche aus dem 1. Jahrhundert erbaut worden, die in einem großen Wohnhaus lag. Im Innenhof des Gebäudes fand man später Reste, die darauf hinweisen, das sich hier einst ein Heiligtum zu Ehren des persischen Sonnengottes Mythras befand. Als diese "Unterkirche" 1084 von Normannen zerstört wurde, ließ Papst Paschalis II. eine neue Basilika errichten, die heutige "Oberkirche". Die Turbulenzen, die San Clemente im Laufe der Jahrhunderte erlebte, sind Ausdruck des Aufstiegs der römisch-katholischen Kirche zur Weltkirche.
via labicana 95, www.basilicasanclemente.com, telefon: 06 7740021, geöffnet: täglich 9.00-12.30 & 15.30-18.00 (okt.-märz), apr.-sept. bis 18.30, eintritt: frei, u-bahn: colosseo

TRAJANSSÄULE 28

Essen & Trinken

① Ob Fleisch, Fisch, Nudeln – die **Taverna Pretoriana** trifft fast jeden Geschmack. Vorneweg bekommen Sie von der sehr freundlichen Bedienung immer Tomaten-Bruschetta serviert, ob Sie möchten oder nicht. Sehr wahrscheinlich, dass diese Taverne schnell Ihr Stammlokal wird.
via palestro 46-48, telefon: 06 4450273, geöffnet: so-fr 12.00-15.30 & 18.00-0.00, preis: nudelgericht 6 €, bus & u-bahn: termini

⑥ Das **Panella** bietet eine überwältigende Auswahl an süßen und herzhaften Gebäckspezialitäten aus verschiedenen Regionen: von sizilianischen *arranci* (Risottobällchen) bis zu sardischem Brot oder altrömischen *fagotti* (Teigtaschen).
via merulana 54, www.panellaroma.com, telefon: 06 4872435, geöffnet: mo-do 8.00-23.00, fr-sa 8.00-0.00, so 8.30-16.30, preis: caffè 1 €, u-bahn: v. emanuele

⑧ Bei **Urbana 47** kommen alle Produkte aus Lazio, der Provinz rund um Rom – von regionalen, meist biologisch angebauten saisonalen Produkten bis zu Wein und Bier. Die witzigen Retromöbel kann man kaufen, ebenso die Weine, Marmeladen und anderen Leckereien der Region.
via urbana 47, www.urbana47.it, telefon: 06 47884006, geöffnet: täglich 8.00-24.00, brunch sa-so 12.30-15.30, preis: mittagessen 15 €, u-bahn: cavour

⑩ Das **2 Periodico Cafè** ist Literaturcafé und Ausstellungsraum in einem. Ob die Möbel oder die aus alten Zeitungen und Zeitschriften hergestellten Untersetzer – alles ist vintage. Zum Frühstück werden hausgemachte Kekse gereicht. Ein paar Schritte weiter werden im Spazio Periodico Taschen hergestellt.
via leonina 77, www.2periodicocafe.it, telefon: 06 48906600, geöffnet: mo-fr 19.00-1.00, sa-so 19.00-2.00 & sept.-juni mo-do 9.00-13.00), preis: bier 4 €, u-bahn: cavour

⑫ Befreien Sie Ihre Kehle, das ist das Motto von **Fafiuché**. Das bedeutet, dass Sie neue Dinge ausprobieren und vor allem maximal genießen sollten. Machen Sie mit und bestellen Sie ein Glas Wein zur Aperitif-Zeit, ein Buffet gibt es gleich dazu. Danach wird aus der Weinbar ein Restaurant. Viele der Dinge, wie Wein, Öl und Käse, können Sie auch nach Hause mitnehmen.
via della madonna dei monti 28, www.fafiuche.it, telefon: 06 6990968, geöffnet: mo-sa 17.30-1.00, preis: aperitivo 8 € (ab 18.30), u-bahn: cavour

URBANA 47 ⑧

⑬ In der urigen Pizzeria **Alle Carrette** sitzt man sowohl drinnen als auch draußen herrlich. Ob dünne römische Pizza oder dicke neapolitanische Pizza – sie sind alle köstlich. Empfehlenswert sind auch die frittierten Antipasti.
via della madonna dei monti 95, telefon: 06 6792770, geöffnet: do-mo 12.00-16.30 & 19.00-23.30, di-mi 19.00-23.30, preis: pizza 6 €, u-bahn: cavour

⑭ **La Taverna dei Fori Imperiali** ist ein Familienrestaurant mit berühmten Gästen wie Dustin Hoffman. Die echten Stars sind die Speisen: italienische Klassiker und Tagesgerichte wie *gnocchi al tartufo* (gnocchi mit Trüffeln).
via della madonna dei monti 9, www.latavernadeiforiimperiali.com, telefon: 06 6798643, geöffnet: mo & mi-so 12.30-15.00 & 19.30-22.30, preis: 9 €, u-bahn: cavour

2 PERIODICO CAFÉ

(15) Die mit dunklem Holz eingerichtete **Enoteca Cavour 313** ist gemütlich und eignet sich sehr für ein romantisches Essen zu zweit. Weinliebhaber können sich ab 10 Uhr mit guten Tropfen eindecken, mit oder ohne vorherige Verkostung. Mit mehr als 1000 verschiedenen Weinen ist die Auswahl riesig, doch das hilfreiche Personal besteht aus echten Kennern.
via cavour 313, www.cavour313.it, telefon: 06 6785496, geöffnet: täglich 12.30-14.45 & 18.00-0.30, juli-aug. so geschlossen, preis: glas wein 4 €, u-bahn: cavour

(16) Im späten 16. Jahrhundert entwarf Giacomo della Porta den achteckigen Brunnen für die Piazza Madonna dei Monti. Heute trifft sich hier die Jugend auf den Stufen zu einem abendlichen Drink – aus Plastikbechern, so die lokale Tradition. Eine etwas bequemere Alternative für einen Absacker oder auch ein Frühstück verbirgt sich an diesem lebhaften Platz hinter einer mit Efeu bewachsenen Fassade: **La Bottega del Caffè**.
piazza madonna dei monti 5, telefon: 06 4741578, geöffnet: täglich 8.00-2.00, preis: cocktail 7 €, u-bahn: cavour

(17) Leiser Jazz, Kerzenlicht und nette Bedienungen geben im **Al vino Al vino** den Ton an, aber vor allem die Weinkarte ist beeindruckend. Hier gibt es viele ausgefallene Weine, die man als Aperitif mit ein paar Oliven genießen kann. Ein großes Essen bekommen Sie hier nicht, aber für wenig Geld einen Teller mit gebratenen Zucchini, getrockneten Tomaten und hausgemachter Auberginen-*caponata*. An manchen Vormittagen können Sie auch Wein kaufen.
via dei serpenti 19, telefon: 06 485803, geöffnet: mo-do & so 17.30-0.30, fr-sa 17.30-1.30, preis: glas wein 5 €, u-bahn: cavour

(20) Bei **Gaudeo** bekommen Sie die von sieben Freunden erfundene gesunde Alternative zur allgegenwärtigen Pizza. Die Brötchen werden aus Bio-Kamut, einer alten Weizenart, hergestellt und mit frischen Zutaten von italienischen Erzeugern belegt. Und wer Lust hat auf einen Aperitif, ist hier auch richtig.
via del boschetto 112, telefon: 06 98183689, geöffnet: täglich 10.30-0.00, preis: brötchen 5 €, u-bahn: cavour

㉓ Das **L'Asino d'Oro** ist eine "Neo-Trattoria": Die Einrichtung ist modern, und auf der Speisekarte stehen Lucio Sforzas Variationen von herzhaften umbrischen Gerichten. Probieren Sie zum Beispiel Kaninchen oder Rindfleisch in Kakao. Das Mittagsmenü ist gut und bezahlbar.
via del boschetto 73, telefon: 06 48913832, geöffnet: di-sa 12.30-23.00, preis: nudelgericht 12 €, u-bahn: cavour

㉔ **Pierrot Le Fou** ist eine hippe und vor allem sehr italienische Loungebar. Um (kostenlos) hineinzukommen, müssen Sie erst Ihren Namen auf ein Kärtchen notieren. Die Bar ist ziemlich klein, aber sehr gemütlich – die Spiegel an der Wand im hinteren Bereich lassen den Raum größer wirken als er ist. Tagsüber finden gelegentlich Buchpräsentationen oder andere Veranstaltungen statt, abends, wenn ein DJ auflegt, treffen sich hier die Yuppies der Stadt.
via del boschetto 34, telefon: 06 3398839616, geöffnet: di-so 18.30-2.00, preis: bier 4 €, bus: via nazionale, u-bahn: cavour

㉖ Schon seit 1895 kommen die durstigen Römer ins **Ai Tre Scalini**, um einen guten Rotwein zu trinken. Auch heute ist das Lokal immer gut gefüllt, stimmungsvoll und gemütlich. Jung und Alt sitzen hier dicht an dicht, und manchmal geht die Party draußen weiter. Wählen Sie einen Wein vom Regal, und bestellen Sie etwas Leckeres aus der Region dazu, etwa *cicoria* oder *porchetta* (gegrilltes Schweinefleisch).
via panisperna 251, www.aitrescalini.org, telefon: 06 48907495, geöffnet: täglich 12.30-1.00, preis: glas wein 5 €, u-bahn: cavour

㉙ Die Provinz Rom gibt sich alle Mühe, ihre Weine und andere regionale Spezialitäten in der eigenen **Enoteca Provinzia Romana** bekannt zu machen. In zeitgemäßem Ambiente kann man mit Blick auf die Trajanssäule und das Forum Weine und kleine wie große Gerichte genießen.
largo di foro traiano 82-84, telefon: 06 69940273, geöffnet: so-mo 12.30-15.30, di-sa 12.30-16.00 & 18.30-23.00, preis: glas wein 5 €, bus & straßenbahn: piazza venezia

AI TRE SCALINI ㉖

㉞ Das **Caffè Capitolino** gehört zu den Kapitolinischen Museen, aber Sie können hier auch ohne Museumsbesuch einen Kaffee trinken. Im Inneren ist Selbstbedienung, daher sind die Preise entsprechend moderat. Wenn Sie draußen auf der Terrasse zu Mittag essen möchten, zahlen Sie zwar etwas mehr, bekommen dafür aber den spektakulären Blick über Rom inklusive. Der Eingang des Cafés ist der Ausgang des Museums am Piazzale Caffarelli. Es gibt kein Aushängeschild, aber laufen Sie einfach die Treppe hoch und folgen Sie den Schildern.

piazzale caffarelli 4, telefon: 06 69190564, geöffnet: di-so 9.00-19.30, preis: brötchen 5,50 €, pizza 12 €, bus: piazza venezia

Shoppen

⑦ Legen Sie sich bei **Smalto** ein echt italienisches Outfit zu: eine übergroße Sonnenbrille, ein leichtes Sommerkleid, hohe Schuhe und dazu einen passenden Duft. Die Inhaber Giorgio und Pietro organisieren regelmäßig Events, bei denen man Wein trinken und Kleider probieren kann. Tipp: Wer mit diesem Guide den Laden betritt, bekommt eine Vorzugsbehandlung.
via urbana 12, telefon: 06 4873645, geöffnet: mo-sa 9.30-20.00, u-bahn: cavour

⑪ Das Kolosseum oder der Petersdom aus Schokolade sind ein originelles Souvenir. Bei **La Bottega del Cioccolato** gibt es sie – seit Kurzem auch eindimensional als Relief. Kaum hat man den Laden betreten, wird man vom betörenden Duft unwiderstehlich dazu verführt, seinen Blick über das enorme Pralinen-Sortiment wandern zu lassen.
via leonina 82, www.labottegadelcioccolato.it, telefon: 06 4821473, geöffnet: mo-sa 9.30-19.30 (juli-aug. geschlossen), u-bahn: cavour

⑱ Retro ist in, denn wie sonst lässt es sich erklären, dass es so viele Vintage-Läden in Monti gibt. Einer davon ist der **Pifebo Vintage Shop**, ein kleiner, bunter Laden, der Jacken, T-Shirts, Taschen und auch eine eigene Sonnenbrillenlinie verkauft. Hier können Sie an Ihrem Outfit arbeiten.
via dei serpenti 141, www.pifebo.com, telefon: 06 89015204, geöffnet: mo-sa 11.00-20.00, so 12.00-20.00, u-bahn: cavour

㉑ Hinter den tollen Kleidern, Shirts, Hosen und Mänteln, die im Laden-Atelier **Le Nou** erhältlich sind, stecken zwei junge Designerinnen. Ein handgefertigtes Shirt bekommt man schon für 30 Euro. Exklusiv und doch bezahlbar.
via del boschetto 111, telefon: 06 31056339, geöffnet: mo-sa 12.00-20.00, okt.-dez. so 15.00-20.00, u-bahn: cavour

㉒ Ob Blümchenmotive oder Streifenmuster, Kleider oder Tuniken – bei **Kokoro** (Japanisch: "Herz und Seele") gibt es für fast jeden Geschmack etwas. Hier wird permanent genäht, nur wenn ein Kunde kommt, wird das Werkzeug beiseitegelegt. Jedes handgefertigte Stück kostet höchstens 70 Euro – was ist das schon für beste Qualität? Ein Laden, der einfach Freude macht.
via del boschetto 75, www.kokoroshop.it, telefon: 06 4870657, geöffnet: mo-sa 11.00-20.00, so 12.00-20.00, u-bahn: cavour

㉕ Die Möbel und Accessoires bei **Estremi** kommen aus allen Teilen der Welt: Kaschmir aus der Mongolei, bestickte Stoffe aus Usbekistan, Kerzenständer aus Mexiko. Die Ladenbesitzer sind ständig auf Reisen, um ausgefallene, aber bezahlbare Stücke einzukaufen.

via del boschetto 2a, www.estremiroma.com, telefon: 06 4744001, geöffnet: mo-sa 10.00-14.00 & 16.00-20.00, u-bahn: cavour

Rom live

(19) Haben Sie genug von Ihrer Frisur? Dann gehen Sie zum Friseur **Contesta Rock Hair**, der auch Dependancen in New York, Miami und Schanghai hat – eine Garantie für neueste Trends. Tipp: Dienstagnachmittags gibt es zehn Prozent Rabatt.
via degli zingari 9, www.contestarockhair.com, telefon: 06 47823717, geöffnet: di & fr-sa 9.00-19.30, mi-do 10.00-22.00, u-bahn: cavour

(30) Ein Besuch des **Palazzo Valentini** kommt einer Zeitreise gleich. Erleben Sie, wie die *domus romane*, die Villen wohlhabender Römer aus der Kaiserzeit, zum Leben erweckt werden. Fußböden, Mosaiken, Wandschmuck, Küchen und Thermen – alles scheint echt in dieser grandiosen digitalen Tour. Tipp: Auf eine Voranmeldung wird Wert gelegt.
via IV novembre 119a, www.palazzovalentini.it, telefon: 06 32810, geöffnet: mo & mi-so 9.30-18.30, eintritt: 12 €, bus & straßenbahn: piazza venezia

(32) Das große weiße, nationalistische **Denkmal Vittorio Emanuele II.** (Vittoriano) auf der Piazza Venezia wurde für den ersten König Italiens gebaut. Manche finden das Gebäude, auch Altare della Patria genannt, imposant, anderen ist es ein Dorn im Auge – und so wird es auch spöttisch als "Schreibmaschine" oder "Hochzeitstorte" bezeichnet. Unter dem Reiterstandbild befindet sich das Grab für den unbekannten Soldaten, das Tag und Nacht bewacht wird. Auch das Museo del Risorgimento über die italienische Einigungsbewegung im 19. Jahrhundert liegt hier. Oben auf dem Vittoriano haben Sie einen wunderbaren Blick.
piazza venezia, telefon: 06 6780664, geöffnet: täglich im winter 9.30-16.30, im sommer 9.30-17.30, eintritt: frei, bus: piazza venezia

CONTESTA ROCK HAIR 19

Termini, Monti & Fori Imperiali

SPAZIERGANG 5 (ca. 6,8 km)

Starten Sie in der Via Palestro und reservieren Sie einen Tisch (1). Dann weiter zum Bahnhof Termini und den beiden Museen an der Piazza dei Cinquecento (2) (3). Über die Piazza della Repubblica (4) und Via Torino erreichen Sie eine der vier päpstlichen Basiliken (5). Bei Panella (6) in der Via Merulana gibt es einen Gaumenschmaus. Zurück zur Basilika, die Sie rückseitig umrunden, um nach Monti zu gelangen. Die Via Cavour überqueren und auf der anderen Straßenseite hinuntergehen. Dann rechts in die Via di Santa Maria Maggiore und gleich links in die Via Urbana. In Monti gibt es zahlreiche Boutiquen wie Smalto (7). Bei Urbana 47 (8) gibt es nur lokale Gerichte. Der Straße folgen, die in die Via Leonina mündet. Links die Treppe der Salita dei Borgia hinaufgehen, um ein Meisterwerk Michelangelos zu sehen (9). Zurück in die Via Leonina, um links etwas zu trinken (10) oder Pralinen zu kosten (11). Geradeaus bis zur Via della Madonna dei Monti gehen, wo sich Weinbars (12) und Restaurants (13) (14) befinden. Weinliebhaber machen am Ende der Straße links einen Abstecher in die Via Cavour (15). Zurück und bei der Chocolaterie in die Via dell'Angeletto einbiegen, um vor dem Brunnen (16) eine Pause einzulegen. Oder trinken Sie etwas in der Via dei Serpenti jenseits des Platzes (17), wo Sie auch Ihre Retro-Garderobe erweitern können (18). Etwas zurückgehen, um sich eine trendige Frisur schneiden zu lassen (19). In der Via del Boschetto frische Brötchen kaufen (20) und bei Le Nou (21) oder Kokoro (22) ein handgefertigtes Outfit anprobieren. Hier gibt es auch ein Restaurant (23), eine Bar (24) und einen Einrichtungsladen (25). Wieder etwas zurückgehen, um rechts in der Via Panisperna bei Ai Tre Scalini (26) etwas zu trinken. Danach geradeaus zu den Trajansmärkten gehen (27). Die Treppe hinabsteigen und die antike Säule (28) bewundern oder ein Gläschen Wein trinken (29). Rechts zum Palazzo Valentini (30) spazieren und dann zur Piazza Venezia mit den Baudenkmälern (31) (32) zurückkehren. Die Treppe rechts der "Schreibmaschine" hinaufgehen, um ein Museum zu besuchen und etwas zu trinken (33) (34). Auf der anderen Seite des Platzes wieder hinuntergehen, an der Kapitolinischen Wölfin vorbei, um die Kaiserforen zu bestaunen (35). Weiter zum Kolosseum (36). Einen interessanten Kirchenbau (37) finden Sie zum Schluss an der Via Labicana.

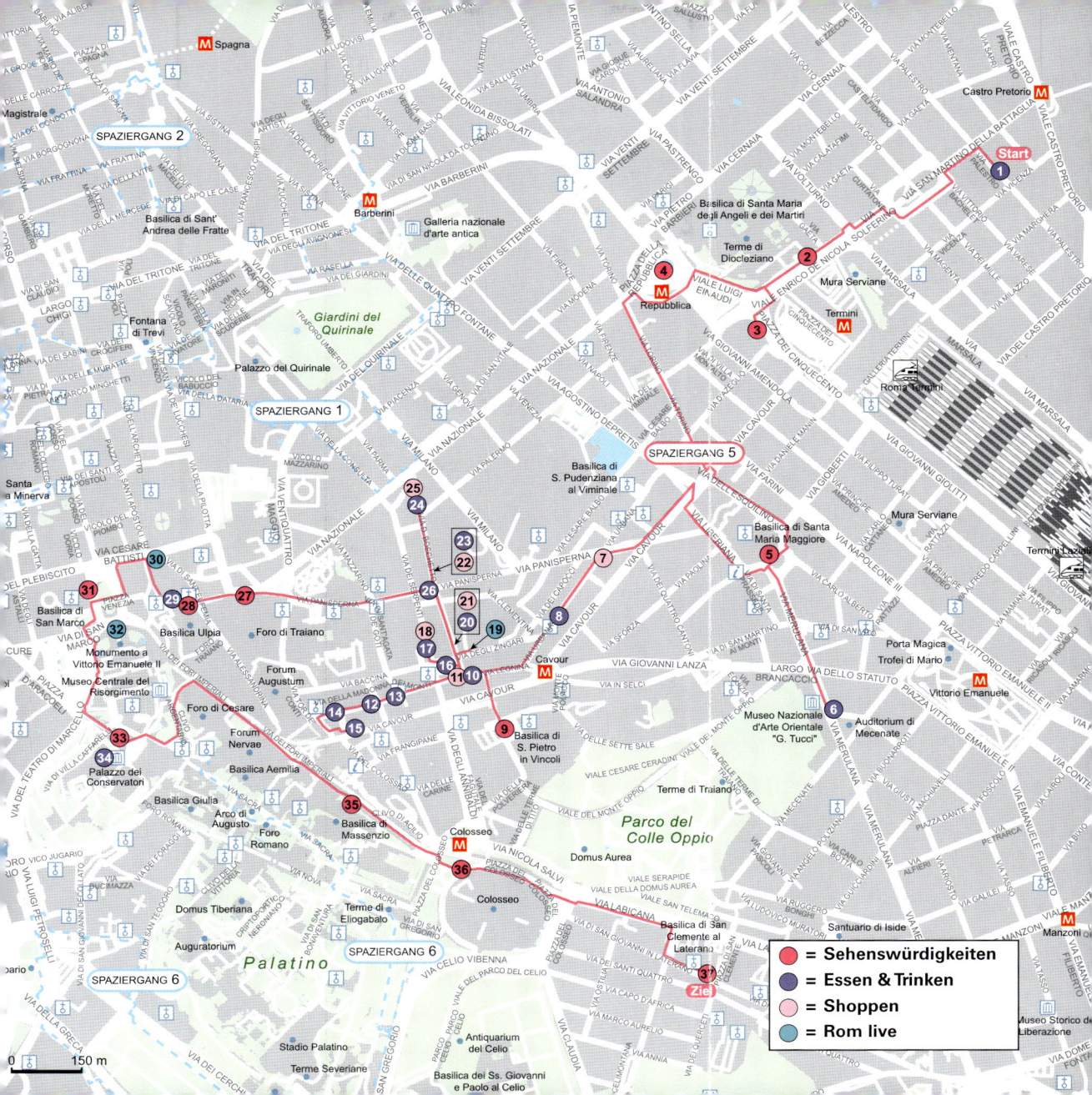

5

Forum Romanum, Aventin & Testaccio

① Taverna Pretoriana
② Diokletiansthermen
③ Palazzo Massimoalle Terme
④ Piazza della Repubblica
⑤ Basilica di Santa Maria Maggiore
⑥ Panella
⑦ Smalto
⑧ Urbana 47
⑨ San Pietro in Vincoli
⑩ 2 Periodico Cafè
⑪ La Bottega del Cioccolato
⑫ Fafiuché
⑬ Alle Carrette
⑭ La Taverna dei Fori Imperiali
⑮ Enoteca Cavour 313
⑯ La Bottega del Caffè
⑰ Al vino Al vino
⑱ Pifebo Vintage Shop
⑲ Contesta Rock Hair
⑳ Gaudeo
㉑ Le Nou
㉒ Kokoro
㉓ L'Asino d'Oro
㉔ Pierrot le Fou
㉕ Estremi
㉖ Ai Tre Scalini
㉗ Trajansmärkte
㉘ Trajanssäule
㉙ Enoteca Provincia Romana
㉚ Palazzo Valentini
㉛ Palazzo di Venezia
㉜ Denkmal Vittorio Emanuele II
㉝ P. del Campidoglio/Kapit. Museen
㉞ Caffè Capitolino
㉟ Fori Imperiali
㊱ Kolosseum
㊲ San Clemente

Inspirierende Denkmäler und moderne italienische Küche

Das Zentrum des alten Rom ist ein großes Open-Air-Museum. Nehmen Sie sich Zeit, um das Forum Romanum ausführlich zu besichtigen, denn die Ruinen waren einst der Mittelpunkt des großen Reichs. Gehen Sie durch Straßen, die hier auch schon zu Römerzeiten verliefen, ruhen Sie sich auf Tempelruinen aus, und schauen Sie den Archäologen bei der Arbeit zu.

Vom Palatin, einem der sieben Hügel Roms, auf dem die ersten Pfahlbauten der Stadt gefunden wurden, blickt man auf den 500 Meter langen Circus Maximus, eine heute etwas traurig wirkende Wüste. Mit ein bisschen Fantasie kann man sich allerdings vorstellen, wie die Kampfwagen unter dem Jubel von fast 300.000 Zuschauern hier entlangrasten. Denken Sie an den Film *Ben Hur*.

Den Aventin zu besteigen ist an heißen Tagen eine Tortur, aber die Anstrengung haben Sie sofort vergessen, wenn Sie im Orangengarten stehen. Auch das "Schlüsselloch" an der Piazza dei Cavalieri di Malte ist die Wanderung wert.

6

Trotz der angenehmen Atmosphäre verschlägt es nicht viele Touristen in das Arbeiterviertel Testaccio. Neben etlichen Diskotheken und Restaurants überrascht die Gegend mit ein paar wirklich interessanten Sehenswürdigkeiten. Wer erwartet schon eine Pyramide mitten in Rom oder einen Berg aus Keramikscherben?

In Testaccio befand sich lange Zeit ein riesiges Schlachthaus, das Mattatoio. Die Arbeiter bekamen hier zusätzlich zu ihrem Lohn oftmals Fleischstücke, die sonst niemand haben wollte: Organe, Kopf und Schwanz. Um diese Reste zu verwerten, wurden die Hausfrauen erfinderisch. Und so entstanden typisch römische Gerichte wie *coda alla vaccinara* (gefüllter Ochsenschwanz) oder *trippa alla romana* (Pansen in Tomatensoße mit Käse und Minze). Als das Schlachthaus 1975 seine Pforten schloss, waren diese Gerichte schon lange in allen Familientrattorien zu finden, auch außerhalb von Testaccio. Heute ist in dem Schlachthaus eine moderne Kunstsammlung untergebracht: ein gutes Beispiel dafür, wie Rom sich verändert.

6 Insider-Tipps

Forum Romanum

Über den einst berühmtesten Marktplatz der Welt flanieren.

Bocca della Verità

Den Moment der Wahrheit entdecken.

Piazza dei Cavalieri di Malta

Durchs Schlüsselloch gucken.

Dandy's

Einen maßgeschneiderten italienischen Anzug erstehen.

Mercato di Testaccio

Frisches Gemüse auf einem gemütlichen Markt kaufen.

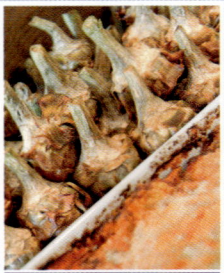

Pecorino

Römische Küche in Testaccio probieren.

- **Sehenswürdigkeiten**
- **Shoppen**
- **Essen & Trinken**
- **Rom live**

Sehenswürdigkeiten

① Der **Konstantinsbogen** (Arco di Constantino) wurde 315 n. Chr. zu Ehren des Kaisers Konstantin gebaut, der Rom vom Tyrannen Maxentius befreite. Der Triumphbogen ist reich verziert, aber nur die kleinen Reliefs am Rand haben mit Konstantin zu tun. Die anderen beziehen sich auf Kaiser Trajan, Mark Aurel und Hadrian.
zwischen der via di san gregorio und der piazza del colosseo, u-bahn: colosseo

② Archäologische Ausgrabungen beweisen, dass sich schon in der frühen Eisenzeit Siedlungen auf dem Hügel **Palatin** befanden: die Pfahlbauten von Romulus. In der Zeit der römischen Republik wohnte hier die Elite, und während der Kaiserzeit wurden riesige Paläste gebaut. Im Palatin-Museum können Sie Teile von Fresken, Statuen, Reliefs und Objekten besichtigen, die hier gefunden wurden. Nach einer langen Restauration ist mittlerweile auch das Haus des Augustus, Casa di Augusto, zugänglich.
via di san gregorio 30, www.archeoroma.beniculturali.it, telefon: 06 39967700, geöffnet: täglich 8.30-19.00, eintritt: 12 € (kombiticket mit kolosseum und forum romanum), u-bahn: colosseo

③ Das **Forum Romanum** (der Marktplatz von Rom) war das politische, kommerzielle und religiöse Zentrum der Republik Rom. Hier versammelte sich der Senat, und die Politiker hielten ihre Reden. Händler boten ihre Waren feil, Priester brachten Opfergaben, Leute kauften ein und tauschten sich über die letzten Neuigkeiten aus. Als die Macht des Römischen Reiches zu bröckeln begann, ließ man das Forum zerfallen. Erst im 5. Jahrhundert n. Chr. wurde die Anlage wieder genutzt: Bauern ließen darauf ihr Vieh weiden, und das Forum erhielt den Namen Campo Vaccino (Kuhweide). Die prächtigen Marmortempel wurden geplündert. Im Mittelalter und in der Renaissance holten sich die Handwerker von dort Baumaterial. Im 19. Jahrhundert begann man mit den Ausgrabungen des alten Forums.
eingang largo della salara vecchia (an der via dei fori imperiali) oder eingang an der via di san gregorio 30, www.archeoroma.beniculturali.it, telefon: 06 39967700, geöffnet: täglich 8.30 bis 1 std. vor sonnenuntergang, eintritt: 12 € (kombiticket mit kolosseum und palatin), u-bahn: colosseo, bus & straßenbahn: piazza venezia

③ FORUM ROMANUM

④ Der **Triumphbogen des Titus** wurde 81 n. Chr. zu Ehren von Kaiser Titus für seinen Sieg über Jerusalem gebaut. Die Reliefs an der Innenseite zeigen die heiligen Schätze der jüdischen Tempel in Jerusalem. Andere Reliefs erzählen vom feierlichen Einzug in Rom, bei dem die Römer Trophäen aus den Tempeln mit sich tragen. Der Triumphbogen, der heute eine der schönsten Ruinen des Forum Romanum darstellt, war für die Juden jahrhundertelang ein Symbol der Schande.
siehe forum romanum, u-bahn: colosseo, bus & straßenbahn: piazza venezia

⑤ Der Bau des letzten und größten römischen Doms, der **Basilica di Massenzio e Constantino**, begann unter Kaiser Maxentius, und er wurde 312 n. Chr. von Konstantin fertiggestellt. Heute ist der Dom eine Kirche, aber damals war er ein überdachter Treffpunkt. Das Gebäude war 100 Meter lang und 65 Meter breit und in der Apsis (dem Choranbau) befand sich eine riesige Statue von Konstantin. Teile der Statue, unter anderem den 2,6 Meter langen Kopf, können Sie in den Kapitolinischen Museen besichtigen.
siehe forum romanum, u-bahn: colosseo, bus & straßenbahn: piazza venezia

⑥ Die **Via Sacra** war die wichtigste Straße im Zentrum des alten Rom. Den Namen erhielt sie aufgrund der vielen Tempel, die hier standen. Einem General stand es zu, beim Senat einen Triumphzug durch diese Straße zu beantragen, wenn er einen Krieg gewonnen hatte. Voraussetzungen: Die Gebietserweiterung musste erheblich sein, und mindestens 5000 feindliche Soldaten mussten ihr Leben gelassen haben. Während eines solchen Zuges wurden die Kämpfe nachgespielt und Kriegsgefangene sowie die Beute zur Schau gestellt. Am Ende wurde der Führer der feindlichen Truppen öffentlich hingerichtet.
siehe forum romanum, u-bahn: colosseo, bus & straßenbahn: piazza venezia

⑦ Kaiser Antoninus Pius ließ den **Tempel des Antoninus und der Faustina** zu Ehren seiner verstorbenen Frau Faustina errichten. Als er selbst starb, wurde der Tempel auch seiner Person gewidmet. Im 8. Jahrhundert bauten die Römer den Tempel zu einer Kirche um und verwendeten die antiken Säulen als Eingang. Als Folge diverser Ausgrabungen liegt die Eingangstür heute weit über dem Niveau der Straße.
siehe forum romanum, u-bahn: colosseo, bus & straßenbahn: piazza venezia

(8) Der kleine, runde **Tempel der Vesta** spielte eine wichtige Rolle im alten Rom, genauso wie Vesta selbst, die Göttin des häuslichen Herdes. Man glaubte, dass furchtbare Dinge geschehen würden, wenn das Feuer im Tempel ausgehen würde. Die sechs Jungfrauen, die im **Haus der Vestalinnen** wohnten, mussten dafür sorgen, dass das Feuer immer loderte. Die Mädchen kamen zwischen ihrem sechsten und zehnten Lebensjahr hierher und blieben insgesamt 30 Jahre in dieser Art Kloster. Die ersten zehn Jahre lernten sie ihre Pflichten kennen, die nächsten zehn Jahre bewachten sie das Feuer, und in den letzten zehn Jahren gaben sie ihr Wissen weiter. Die Jungfrauen genossen hohen Respekt und viele Privilegien, aber die Regeln waren streng: Wenn das Feuer ausging oder an ihrer Jungfräulichkeit gezweifelt wurde, wurden sie lebendig eingemauert.
siehe forum romanum, u-bahn: colosseo, bus & straßenbahn: piazza venezia

(9) Als Julius Caesar 44 v. Chr. ermordet wurde, konnten die Römer einfach nicht glauben, dass er wirklich tot war. Der Senat beschloss daraufhin, eine öffentliche Einäscherung stattfinden zu lassen. Augustus, sein Adoptivsohn, ließ auf diesem Platz den **Tempel des Julius Cäsar** bauen und erklärte Julius zum Gott. Noch heute legen Leute hier Blumen nieder.
siehe forum romanum, u-bahn: colosseo, bus & straßenbahn: piazza venezia

(10) In der **Curia** versammelte sich der Senat. 300 Männer debattierten hier über Gesetze und berieten die zwei Konsuln, die die Republik leiteten. Im Mittelalter wurde die Curia zur Kirche umgebaut, aber in den 1930er-Jahren wurde alles wieder in die ursprüngliche Form gebracht. Die Höhe der Curia ist die Hälfte der Summe der Breite und der Länge. Laut Vitruvius, dem Architekten aus dem 1. Jahrhundert, die ideale Voraussetzung für eine hervorragende Akustik.
siehe forum romanum, u-bahn: colosseo, bus & straßenbahn: piazza venezia

(11) Der **Triumphbogen des Septimius Severus** wurde 203 n. Chr. zu Ehren des Sieges von Kaiser Septimius Severus über die Parthen (ein indoiranisches Volk) und zu Ehren seiner Söhne Caracalla und Geta gebaut. Ursprünglich stand hier eine Statue von Severus und seinen Söhnen in einem Streitwagen mit sechs Pferden. Caracalla wurde 212 Kaiser, brachte seinen Bruder Geta, der mit ihm den Thron teilte, um und ließ dessen Namen tilgen (*damnatio memoriae*).
siehe forum romanum, u-bahn: colosseo, bus & straßenbahn: piazza venezia

FORUM BOARIUM ⑯

⑬ Sie müssen Ihre Fantasie schon etwas anstrengen, um auf dem traurigen Steinhaufen des ehemaligen **Circus Maximus** etwas zu erkennen. Hier veranstalteten die Kaiser von Rom Streitwagenrennen, zu denen manchmal bis zu 300.000 Zuschauer kamen. Regeln gab es kaum, dafür umso mehr Unfälle. Schon seit dem 6. Jahrhundert v. Chr. wird hier Sport getrieben, heute laufen Jogger ihre Runden.
via del circo massimo, u-bahn: circo massimo

(16) Nur zwei Tempel des **Forum Boarium**, des antiken Viehmarktes, stehen heute noch. Sie stammen aus dem 1. und 2. Jahrhundert v. Chr. und blieben erhalten, da sie später als Kirchen verwendet wurden. Der runde Tempel war Hercules Victor gewidmet, der viereckige, typisch römische Entwurf mit dem überdachten Eingang an der Vorderseite, Portunus, dem Gott des Flusshafens. Einer der wichtigsten Häfen des Tiber lag ganz in der Nähe des Tempels.
piazza della bocca della verità, bus: bocca della verità, u-bahn: circo massimo

(17) Hoffentlich haben Sie ein reines Gewissen, denn die Legende besagt, dass die **Bocca della Verità** (der Mund der Wahrheit) die Hand eines Lügners ganz einfach abbeißt. Das Relief, so heißt es, wurde von einem Zauberer verhext, der die Tugend von verheirateten Frauen testen wollte. Probieren Sie es aus, und besuchen Sie außerdem die angrenzende Kirche. Die Santa Maria in Cosmedin ist berühmt für ihren Fußboden aus dem 12. Jahrhundert, die Fresken in der Apsis und die Mosaiken in der Sakristei.
piazza della bocca della verità, geöffnet: kirche täglich 10.00-13.00 & 15.00-17.00, eintritt: frei, bus: bocca della verità, u-bahn: circo massimo

(23) Eine **Pyramide** mitten in Rom? Ja, klar. Als Ägypten noch zum Römischen Reich gehörte und Julius Caesar versuchte, Kleopatra zu erobern, war die ganze Stadt verrückt nach allem, was aus Ägypten kam. Ob es nun nubische Sklaven, steinerne Obelisken oder ägyptische Gottheiten waren – die Römer waren fasziniert von der alten Kultur. Der Adlige Caius Cestius ging noch einen Schritt weiter und ließ eine 36 Meter hohe und 30 Meter breite Pyramide auf seinem Grab errichten. Besuch nur nach Voranmeldung.
piazzale ostiense, telefon: 06 39967700, geöffnet: 2. und 4. samstag im monat um 11.00, u-bahn: piramide

(24) Über 4000 nicht-katholische Ausländer, die seit Ende des 18. Jahrhunderts in Rom verstarben, liegen auf dem schönen **Cimitero Acattolico** begraben. Die bekanntesten unter ihnen sind die Dichter John Keats und Percy Shelley sowie August, der einzige Sohn von Johann Wolfgang von Goethe. Auch der Gründer der Kommunistischen Partei Italiens, Antonio Gramsci, fand hier seine letzte Ruhestätte.
via caio cestio 6, www.cemeteryrome.it, telefon: 06 5741900, geöffnet: mo-sa 9.00-17.00, so & feiertage 9.00-13.00, eintritt: frei, u-bahn: piramide

BOCCA DELLA VERITÀ ⑰

㉔ **CIMITERO ACATTOLICO**

㉕ Der **Monte Testaccio** scheint auf den ersten Blick ein gewöhnlicher grüner Hügel zu sein, aber wenn Sie nahe genug herangehen, sehen Sie, dass der Hügel aus Keramikscherben, Dachpfannen und anderen "Abfällen" errichtet wurde. Er war die Müllhalde der Lagerhäuser, die entlang des Flusses standen. In einigen Restaurants am Fuß des Hügels sind Querschnitte zu sehen. Die Gegend rund um den Monte Testaccio ist mittlerweile bekannt für gute Ausgehmöglichkeiten, bis in die frühen Morgenstunden wird hier getanzt.
via nicola zabaglia 24, telefon: 06 0608, geöffnet: nur nach voranmeldung, eintritt: hügel 3 €, bus: via marmorata, u-bahn: piramide

㉗ Das Museum **MACRO Testaccio** befindet sich in einem ehemaligen Schlachthaus aus dem 19. Jahrhundert. Die stählerne Konstruktion können Sie noch sehen. Sie bildet einen auffälligen, etwas merkwürdigen Kontrast zu der modernen Kunst, die im Museum zu bewundern ist. Es gibt viele Kunstshows und Veranstaltungen, die sich vor allem an ein junges Publikum richten.
piazza orazio giustiniani 4, www.museomacro.org, telefon: 06 671070400, geöffnet: di-so 16.00-22.00, eintritt: 7,50 €, bus: via marmorata, u-bahn: piramide

Essen & Trinken

(12) Einfache Gerichte mit einer eigenen Note sind die Spezialität des Küchenchefs Massimiliano Torres. Durch das Fenster in der roten Tür kann man in die Küche blicken, das Herzstück von **Rosso**, und sehen, wie die Speisen zubereitet werden. Probieren Sie auch mal eine Suppe oder einen Teller mit Antipasti.
viale aventino 32, www.rossoristora.it, telefon: 06 64420656, geöffnet: mo-sa 7.00-1.00, so 11.00-1.00, preis: suppe 10 €, u-bahn: circo massimo

(14) Bei **San Teo**, einer Pasticceria, schlürft man seinen Kaffee an der Bar und genießt dazu leckere *mignons*, Miniaturausgaben von zum Beispiel Tiramisu oder Sachertorte, die man auch kaufen und mitnehmen kann.
via di san teodoro 88, www.cristallidizucchero.it (in onderhoud), telefon: 06 58230323, geöffnet: täglich 7.00-20.00, preis: mignon 0,70 €, u-bahn: circo massimo, bus: teatro di marcello

(26) Zusammen mit seiner Frau und den Töchtern betreibt Alfredo das klassische Restaurant **Pecorino**. Auf drei Etagen werden römische Gerichte aus frischen Zutaten direkt vom Markt serviert. Lassen Sie sich die frischen *fettuccine alla gricia* und die Nachspeise *semifreddo allo zabaione* nicht entgehen. Köstlich!
via galvani 64, www.ristorantepecorino.it, telefon: 06 57250539, geöffnet: di-so 12.30-15.00 & 20.00-23.30, preis: nudelgericht 12 €, bus: via marmorata, u-bahn: piramide

(30) Vegetarier müssen das **Augustarello** auslassen, denn fast alle Gerichte werden mit Fleisch zubereitet, vor allem das *quinto quarto*: Organe sowie Ochsenschwanz oder Pansen gehören einfach dazu. Das simple Restaurant in Testaccio gibt es schon seit Jahren. Viel römischer geht's nicht!
via giovanni branca 98, telefon: 06 5746585, geöffnet: mo-sa 12.30-15.00 & 19.30-0.00, preis: nudelgericht 10 €, bus: via marmorata

(32) Laut Salvatore Tiscone, dem Chefkoch des **Felice a Testaccio**, gehört zu jedem Tag ein anderes Traditionsgericht. Zum Beispiel montags Tortellini und freitags natürlich Fisch. Die Tagesempfehlung steht auf der Karte, aber auch feste Gerichte haben viele Fans in diesem immer vollen Restaurant.
via mastro giorgio 29, www.felicaetestaccio.it, telefon: 06 5746800, geöffnet: mo-sa 12.30-15.00 & 19.30-23.30, preis: 10 €, bus: via marmorata

ROSSO ⑫

㉟ Ein großer mit Halogenlampen beleuchteter Raum, in dem es richtig laut ist, und eine lange Schlange draußen vor der Tür. So genießen die Römer ihre Pizza am liebsten – ofenfrisch, *direttissima* aus der offenen Küche, genauso wie die köstlichen Antipasti von der **Pizzeria Nuovo Mondo**.
via amerigo vespucci 15, telefon: 06 5746004, geöffnet: di-so 18.30-0.30, preis: pizza 6 €, bus: via marmorata, u-bahn: piramide

㊱ In Testaccio gibt es keinen besseren Ort für einen Aperitif oder einen Cocktail mit Freunden als das Restaurant Emporio Club, kurz **Rec23**. Das Buffet ist reichhaltig und bis 21 Uhr geöffnet. Wer ein gepflegtes Dinner vorzieht, kommt in diesem sehr gepflegten, stimmungsvollen Lokal auch auf seine Kosten.
piazza dell'emporio 1-2, www.rec23.com, telefon: 06 87462147, geöffnet: täglich 18.30-2.00, preis: aperitif 8 €, bus: via marmorata, u-bahn: piramide

Shoppen

㉑ Sie sehen es sofort daran, wie sich Besitzer Alessio Gigliani kleidet: Bei **Dandy's** finden Sie die Eleganz, für die die Italiener so berühmt sind. Tipp: Lassen Sie sich ein maßgeschneidertes Hemd anfertigen.
via galvani 5, www.dandys.it, telefon: 06 5750696, geöffnet: mo 16.00-20.00, di-sa 9.30-13.30 & 16.00-20.00, bus: via marmorata, u-bahn: piramide

㉒ Das Brüderpaar **Volpetti** betreibt schon seit 1973 einen Laden voller Köstlichkeiten, an denen Feinschmecker sich nicht sattsehen können. Gönnen Sie sich auch ein Essen im hauseigenen Volpetti Più, eine Querstraße weiter.
via marmorata 47, www.volpetti.com, telefon: 06 5742352, geöffnet: mo-sa 8.00-14.00 & 17.00-20.15, bus: via marmorata, u-bahn: piramide

㉙ Ein Nachtisch schmeckt besser, wenn er gut aussieht, so Costanza Fortuna, der sizilianischen Inhaberin von **Dess'art**. Wie gut ihre Nachspeisen wie *cassate* (Ricottakuchen) wirklich schmecken, kann man nicht erklären – das müssen Sie selbst herausfinden. Dess'art finden Sie in Box 66, der dritten links.
via beniamino franklin, www.dessart.it, telefon: 3932407323, geöffnet: mo-sa 8.30-15.00, preis: cassata 2,50 €, bus: via marmorata, u-bahn: piramide

㉛ In der kleinen Damenboutique **Ctonia** bekommen Sie Kleider und Schuhe, die Sie sicher nirgendwo anders sehen werden. Keine hohen Absätze und Abendkleider, sondern eigensinnige Kleidung für jeden Tag.
via aldo manuzio 48, telefon: 06 5743266, geöffnet: mo-sa 10.00-13.30 & 16.00-20.00, bus: via marmorata, u-bahn: piramide

㉝ **Kast** wurde 1994 von der heutigen Inhaberin Irene eröffnet und verkauft seitdem Damenmode und Accessoires wie Schuhe, Schmuck und Handschuhe. Überwiegend exklusive Kleidungsstücke von renommierten Marken.
piazza testaccio 33, www.abbigliamentodonnakast.com, telefon: 06 5759368, geöffnet: mo-sa 10.00-13.30 & 15.30-19.30, bus: via marmorata

㉞ Gibt es ein schöneres Souvenir als Schuhe? Bei **Moretti** finden Sie ganz bestimmt ein Paar, das sie nach Hause trägt.
via g.b. bodoni 5 b/c, telefon: 06 5746998, geöffnet: mo-fr 9.00-13.00 & 16.00-20.00 (im winter 15.30-19.30), bus: via marmorata, u-bahn: piramide

Rom live

(15) Jedes Wochenende kommen Produzenten und Bauern aus der Umgebung in die Stadt, um in der Markthalle ihre Waren zu verkaufen. Auf dem **Mercato di Campagna Amica** können Sie ihre Produkte sehen, probieren und kaufen: frisches Obst und Gemüse, Wein, Öl, Milchprodukte, Wurst und Schinken.
via di san teodoro 74, www.mercatocircomassimo.it, telefon: 06 489931, geöffnet: sept.-juni sa 9.00-18.00, so 9.00-16.00, juli sa 9.00-18.00, aug. geschlossen, bus: bocca della verità, u-bahn: circo massimo

(18) Die Rosengärten **Roseto Comunale** sind vor allem im Mai und Juni ein wunderschöner Ort, um spazieren zu gehen. Dann stehen die Rosen in voller Blüte und die Gärten sind fürs Publikum zugänglich. Im Juni ist auch der kleine Wettbewerbsgarten geöffnet. Die Gärten befinden sich auf dem ehemaligen jüdischen Friedhof. Dem wird Tribut gezollt, indem die Pfade und Pflanzen (von der Luft aus gesehen) in Form einer Menora, eines siebenarmigen Kerzenleuchters, angelegt sind.
via di valle murcia 6, telefon: 06 5746810, geöffnet: täglich mitte apr.-mitte juni 8.30-19.30, eintritt: frei, u-bahn: circo massimo

(19) Der **Giardino degli Aranci** (Orangengarten) ist einer der schönsten Orte der Stadt. Nicht dass der Garten mit seinen Orangenbäumen etwas Außergewöhnliches wäre, aber die Lage auf dem Hügel Aventin bietet einen herrlichen Blick über das Zentrum der Stadt.
piazza pietro d'illiria, geöffnet: täglich von sonnenaufgang bis sonnenuntergang, eintritt; frei, u-bahn: circo massimo

(20) An der **Piazza dei Cavalieri di Malta** kann man eine ganz besondere Aussicht genießen – durch das berühmte "Schlüsselloch" der Klosterkirche auf den Petersdom. Manchmal muss man kurz anstehen, aber das lohnt sich! Die Kirche gehört den Rittern des Malteserordens, die früher zu Kreuzzügen aufgebrochen sind. Hier haben sie einen eigenen, souveränen Staat gegründet – mit einem Staatsoberhaupt und der Erlaubnis, Ausweise und Autokennzeichen auszustellen.
piazza dei cavalieri di malta 4, www.orderofmalta.org, u-bahn: circo massimo

PIAZZA DEI CAVALIERI DI MALTA [20]

[28] Nach dem Umzug präsentiert sich der **Mercato di Testaccio** in einem völlig neuen Gewand. Die verschiedenen Händler befinden sich in weißen "Boxen", das Angebot ist vielfältig und reicht von Obst und Gemüse über Fleisch und Backwaren bis hin zu Blumen und Kleidung. Lassen Sie sich einfach treiben, um das Flair dieses Viertels zu erspüren.
via beniamino franklin, geöffnet: mo-sa 6.00-15.00, bus: via marmorata, u-bahn: piramide

Forum Romanum, Aventin & Testaccio

SPAZIERGANG 6 (ca. 7,5 km)

Der Startpunkt liegt hinter dem Kolosseum, beim Konstantinsbogen (1). Von dort geht es zum Eingang des Palatin (2) in der Via di San Gregorio. Dann die Ausgrabungen besuchen und zum Forum Romanum (3) hinuntergehen, um eine Zeitreise in das alte Rom (4) (5) (6) (7) (8) (9) (10) (11) zu unternehmen. Das Forum über den Eingang wieder verlassen. Der Via di San Gregorio bis zum Viale Aventino folgen, um bei einem guten Mittagessen zu verschnaufen (12). Danach in Richtung Circus Maximus (13) spazieren und am Ende die Straße rechts nehmen, um ein Törtchen zu genießen (14). Auch der Bauernmarkt ist nahe (15), und am Platz an der Ecke fand früher der Viehmarkt statt (16). Danach folgt die Stunde der Wahrheit (17). Die Via della Greca überqueren und auf der anderen Seite am alten Stadion vorbei ein Stück zurückgehen. Dann geht es schräg hinauf Richtung Piazzale Ugo La Malfa. In den Monaten Mai und Juni hat der Rosengarten geöffnet (18). Der Via di Santa Sabina folgen, um zum Orangengarten (19) und dem mysteriösen Schlüsselloch zu gelangen (20). Die Via di Porta Lavernale hinuntergehen und am Ende die Straße überqueren, um ein Hemd (21) oder Delikatessen (22) zu erstehen. Entweder die Via Marmorata oder durch den Park gegenüber weitergehen, um zur Pyramide (23) zu gelangen. In der Via Caio Cestio, einer Querstraße, können Sie den Cimitero Acattolico (24) besuchen. Am Ende der Straße rechts in die Via Nicola Zabaglia einbiegen, in der der Monte Testaccio (25) aufragt. Am Ende der Via Galvani gibt es bei Pecorino (26) ortstypisches Essen. Am gleichen Platz können Sie auch moderne Kunst (27) bewundern und den lokalen Markt besuchen (28). Hier weiß man, wie man Desserts macht (29). Den Markt überqueren und rechts in die Via Aldo Manuzio einbiegen. Die erste Straße links nehmen und etwas weiter links in der Via Giovanni Branca eine gute Mahlzeit (30) genießen. Zurück in die Via Aldo Manuzio gehen, um Mode (31) anzuprobieren oder rechts im Restaurant Felice a Testaccio (32) etwas zu essen. Zum Shoppen bietet sich anschließend die Piazza Testaccio (33) (34) an. Dann der Via Luca della Robbia Richtung Via Amerigo Vespucci folgen und den Spaziergang mit einer Pizza (35) oder einem Cocktail und feinen Häppchen (36) abschließen.

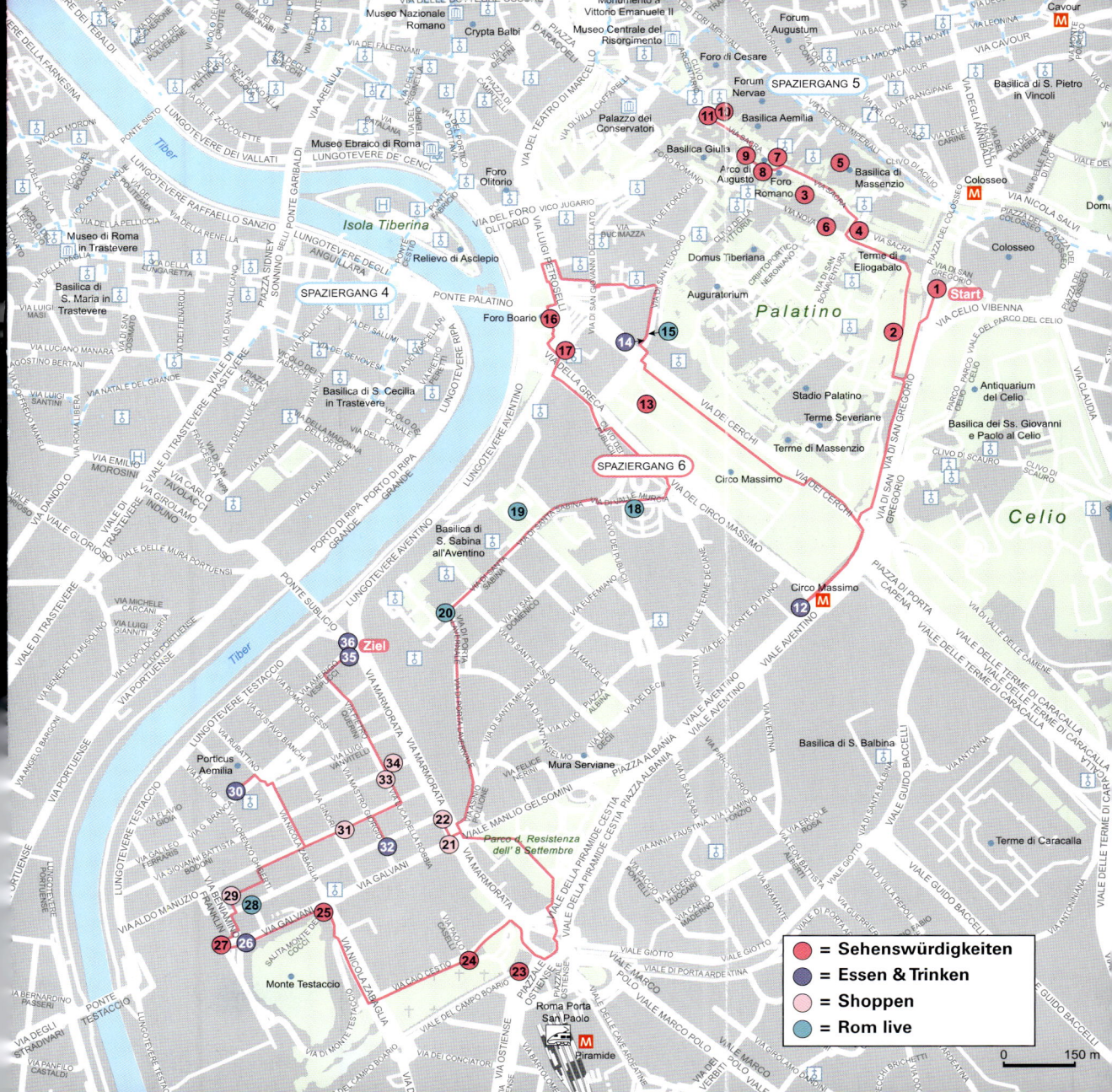

6

Weitere Sehenswürdigkeiten

Wer den in 100% Rom beschriebenen Routen folgt, entdeckt viele Schönheiten der Stadt. Doch auch Orte abseits der Spaziergänge sind natürlich einen Besuch wert. Manche dieser Sehenswürdigkeiten sind schwer zu Fuß zu erreichen, mit dem öffentlichen Nahverkehr ist das aber kein Problem. Die dazugehörigen Buchstaben finden Sie auf der Übersichtskarte vorn im Cityguide.

① Konstantinsbogen
② Palatin
③ Forum Romanum
④ Triumphbogen des Titus
⑤ Basilica di Massenzio e Costantino
⑥ Via Sacra
⑦ Tempel d. Antoninus und d. Faustina
⑧ Tempel d. Vesta/Haus d. Vestalinnen
⑨ Tempel des Julius Cäsar
⑩ Curia
⑪ Triumphbogen d. Septimius Severus
⑫ Rosso
⑬ Circus Maximus
⑭ San Teo
⑮ Mercato di Campagna Amica
⑯ Forum Boarium
⑰ Bocca della Verità
⑱ Roseto Comunale
⑲ Giardino degli Aranci
⑳ Piazza dei Cavalieri di Malta
㉑ Dandy's
㉒ Volpetti
㉓ Pyramide
㉔ Cimitero Acattolico
㉕ Monte Testaccio
㉖ Pecorino
㉗ MACRO Testaccio
㉘ Mercato di Testaccio
㉙ Dess'art
㉚ Agustarello
㉛ Ctonia
㉜ Felice a Testaccio
㉝ Kast
㉞ Moretti
㉟ Pizzeria Nuovo Mondo
㊱ Rec23

Ⓚ **San Giovanni in Laterano** ist die Kathedrale von Rom und Sitz des Papstes (als Bischof der Stadt). Die Kirche wurde im 4. Jahrhundert errichtet, und nur dem Papst ist es vorbehalten, den Hauptaltar zu betreten. Sehenswert ist der prachtvolle Kreuzgang. An der Nordostseite des Platzes vor der Kirche befindet sich die **Scala Santa** oder die Heilige Treppe. Angeblich soll Christus die Treppe, damals in Jerusalem, vor seiner Kreuzigung betreten haben. Pilger erklimmen diese Treppe auf den Knien, in der Hoffnung, Gnade zu erfahren.
piazza di san giovanni in laterano, www.vatican.va, www.scalasanta.org, telefon: 06 69886433, geöffnet: täglich, kathedrale 7.00-18.30, kloster 9.00-18.00, scala santa apr.-sept. 6.00-12.00 & 15.30-18.00, okt.-märz 6.00-12.00 & 15.00-17.00, eintritt: kloster 2 €, kathedrale und scala santa frei, u-bahn: san giovanni

Ⓛ In Rom etwas Neues bauen zu dürfen, ist ein langwieriges Unterfangen. Fast 15 Jahre dauerte es, bevor das **Maxxi**, das von Zaha Hadid entworfene Nationalmuseum für Kunst aus dem 21. Jahrhundert, eröffnet werden konnte. Zusammen mit dem Auditorium von Renzo Piano und der Fußgängerbrücke von Buro Happold führt es als Achse moderner Architektur durch die alte Stadt.
via guido reni 4a, www.fondazionemaxxi.it, telefon: 06 39967350, geöffnet: di-fr & so 11.00-19.00, sa 11.00-22.00, eintritt: 11 €, u-bahn: flaminio, dann straßenbahn: apollodoro

Ⓜ Die **Caracalla-Thermen** zählen zu den eindrucksvollsten Ruinen des alten Rom. Die Thermen beherbergten nicht nur Badehäuser, sondern waren ein echter Kurort, wohl der größte seiner Art. Es gab unter anderem Fitnessräume, Sportplätze, eine Bibliothek, Festsäle, Saunen, Massageräume und Schwimmbecken. Die frei zugänglichen Bäder konnten 1600 Besucher aufnehmen.
via delle terme di caracalla 52, www.archeoroma.beniculturali.it, telefon: 06 39967700, geöffnet: mo 9.00-13.00, di-so 9.00 bis 1 std. vor sonnenuntergang, eintritt: 6 €, u-bahn: circo massimo

CENTRALE MONTEMARTINI ®

(N) **EUR** steht für Esposizione Universale di Roma. Dieser Stadtteil wurde Ende der 1930er-Jahre von Mussolini für eine Weltausstellung gebaut, die nie stattfand. Die riesigen eckigen, weißen Gebäude im faschistischen Stil wirken befremdlich, aber genau dadurch sind sie so faszinierend. Das gilt vor allem für den Palazzo della Civiltà Italiana. Informationen über die verschiedenen Museen im EUR sowie über Preise und Öffnungszeiten finden Sie auf der unten stehende Website.
www.romaeur.it , u-bahn: eur palasport oder eur fermi

(O) Die **Via Appia Antica** war eine der wichtigsten Straßen im alten Rom. Hier kann man die ersten christlichen Katakomben, die Grabmonumente des römischen Adels sowie die Paläste des Altertums besichtigen. Eine schöne Gegend, die man auch mit dem Rad entdecken kann. Fahrräder gibt es beim Informationsstand am Anfang der Via Appia zu mieten (siehe Website). An Sonn- und Feiertagen ist die Straße für den Autoverkehr gesperrt, nur Stadtbusse (118 und 218) sowie der Archeobus dürfen an diesen Tagen fahren. Mit einem Archeobus-Ticket (15 EUR) können Sie nach Wunsch ein- und aussteigen, um die alte Straße und den Naturpark drumherum zu besichtigen.
die via appia antica beginnt an der porta san sebastiano, praktische information: www.parcoappiaantica.it, information archeobus: www.trambusopen.com, telefon: 06 5126314

(P) **Ostia Antica** ist mindestens genauso spannend wie Pompeji, aber viel weniger touristisch. Ostia ist eine ehemalige Hafenstadt, die jedoch im 7. Jahrhundert so gut wie ausstarb, da viele Einwohner von der Malaria dahingerafft wurden. Die Stadt mit dem Forum, dem Tempel und dem Amphitheater ist gut erhalten geblieben. Vom Stadtzentrum Rom aus in 20 Bahnminuten erreichbar.
ostia antica, eingang an der via dei romagnoli 717, www.ostia-antica.org, telefon: 06 56358099, geöffnet: di-so 8.30-19.30 (kasse schließt um 18.00), eintritt: 6,50 €, zug: roma-lido, abfahrt u-bahn-station piramide

(Q) Für Schnäppchenjäger ist der Sonntags-Flohmarkt an der **Porta Portese** ideal: Auf einer Länge von zwei Kilometern werden Schnäppchen, Antikes und Plunder angeboten. Den Markt gibt es schon seit vielen Jahren.
ab piazza di porta portese und in der via portuense, geöffnet: so 6.30-13.00, bus & straßenbahn: viale di trastevere

(R) Wegen Umbauarbeiten in den Kapitolinischen Museen im Jahr 1997 fanden Hunderte Skulpturen und Statuen vorübergehend im ehemaligen Kraftwerksgebäude **Centrale Montemartini** Platz, das kurz zuvor zur Außenstelle des Museums umfunktioniert worden war. Die Ausstellung war so erfolgreich, dass man sie dort beließ. Zu sehen sind Objekte römischer Grabkultur und zahlreiche Skulpturen aus der römischen Republik.
via ostiense 106, www.centralemontemartini.org, telefon: 06 5748042, geöffnet: di-so 9.00-19.00, eintritt: 6,50 €, u-bahn: garbatella oder piramide, bus: via ostiense

PARCO DEGLI ACQUEDOTTI ⓢ

ⓢ Der **Parco degli Acquedotti** (Park der Aquädukte) erlangte vermehrt Bekanntheit durch eine Szene in dem Spielfilm *Die große Schönheit* (*La Grande Bellezza*). In der 240 Hektar großen Anlage befinden sich zwei riesige Aquädukte aus der römischen Antike sowie zahlreiche archäologische Funde aus anderen Epochen. Wer sich in schöner Umgebung an dem schöpferischen Können der Römer ergötzen möchte, kann das während eines entspannten Spaziergangs tun.

via lemonia 256, www.parcoacquedotti.it, telefon: 06 5135316, geöffnet: rund um die uhr, eintritt: frei, u-bahn: subaugusta

Ausgehen

Im *Eventful* (*www.eventful.com/rome*) oder im wöchentlichen Kulturkalender *Roma C'è* steht alles, was man in Rom unternehmen kann. Eine gute Website mit Ausgeh-Tipps ist *www.2night.it*. Im Folgenden finden Sie ein paar Tipps für einen aufregenden Abend. Die dazugehörigen Buchstaben finden Sie auf der Übersichtskarte vorn im Cityguide. Hinweis: Im Sommer haben fast alle Diskotheken und viele Clubs zu. Stattdessen finden viele Open-Air-Festivals statt.

(T) Wer auch einen Blick in einen Vorort werfen möchte, sollte **Pigneto** besuchen. In dieser Gegend wohnten früher Eisenbahner, heute wird das Viertel vor allem von Migranten und Menschen aus der Filmbranche bewohnt. Hotspot mit einigen Lokalen ist die Via del Pigneto. In einer Querstraße befindet sich das Restaurant Necci dal 1924. Hier wird hausgemachter "Paoletti" statt Cola ausgeschenkt, und man kann sich die Zutaten für das Gericht seiner Wahl im hauseigenen Laden besorgen.
via fanfulla da lodi 68, www.necci1924.com, telefon: 06 97601552, geöffnet: täglich 8.00-2.00, preis: bier 5 € , straßenbahn: caballini

(U) Das **Auditorium Parco della Musica** ist das größte Konzertgebäude der Stadt, entworfen vom Architekten Renzo Piano. Es besteht aus drei riesigen Sälen, die rund um ein zentrales Theater angelegt sind. Das Auditorium ist Hauptsitz der Academia di Santa Cecilia, des wichtigsten Symphonieorchesters (mit Chor) Roms. Es finden auch Führungen statt.
via pietro de coubertin 30, www.auditorium.com, telefon: 06 80241281, geöffnet: kasse täglich 11.00-20.00, für programm und preise siehe website, führung sa-so & feiertage stündlich 11.30-16.30, nur nach voranmeldung (06 80241281), führung: 9 €, studenten 5 €, straßenbahn: apollodoro

(V) Der Stadtteil **San Lorenzo**, der im Zweiten Weltkrieg großflächig von den Amerikanern bombardiert wurde, ist heute das Studentenviertel Roms: alternativ, stellenweise ein wenig schäbig, aber urgemütlich. Die meisten Kneipen und Cafés befinden sich an der Piazza dell'Immacolata und in der näheren Umgebung. Beliebter Studententreff ist das **Lancelot**, eine Spiele-Kneipe. Der Geheimtipp für einen tollen Abend.
via dei volsci 77, telefon: 06 4454675, geöffnet: täglich 19.00-2.00, preis: 0,50 € je spiel, u-bahn: termini

(w) **Eataly** ist ein Gourmettempel und in kurzer Zeit zu einer römischen Institution avanciert. In der vierstöckigen ehemaligen Bahnhofshalle findet man nur das Allerbeste: Restaurants unterschiedlicher Ausrichtung mit Schwerpunkt Käse, Fleisch, Pizza, Nudeln oder frittierten Köstlichkeiten. Hier haben Sie die Qual der Wahl. Mitnehmen kann man vieles auch, also halten Sie einen kleinen Platz in Ihrem Koffer frei für Nudelteig, Olivenöl oder Kekse.
piazzale XII ottobre 1492, www.eataly.it, telefon: 06 90279201, geöffnet: täglich 10.00-0.00, preis: unterschiedlich, u-bahn: piramide

(x) In den ehemaligen Speichern in **Testaccio** haben sich in den letzten Jahren viele Clubs und Bars angesiedelt. Inzwischen ist die Gegend rund um den Monte Testaccio ein echtes Ausgehviertel, wo man bis frühmorgens tanzen kann. Also schnell das passende Outfit anziehen und ab in die Via di Monte Testaccio.
via di monte testaccio, u-bahn: piramide

(y) Für Liebhaber von Jazzmusik ist das **Charity Cafè** ein Muss. Hier kann man mühelos einen ganzen Abend verbringen, nicht zuletzt dank des üppigen Aperitifbuffets und der allabendlichen Livemusik.
via panisperna 68, www.charitycafe.it, telefon: 06 47825881, geöffnet: täglich 18.00-2.00, preis: bier 5 €, u-bahn: cavour

(z) Trattoria, Pizzeria, Wohnzimmer – es sind nur drei der vielen Bezeichnungen, die auf **Porto Fluviale** zutreffen. Hier gibt es ein schnelles Essen an der Bar oder regionales Street-Food zum Mitnehmen. Das 900 Quadratmeter große Lokal besteht aus vier Zonen – in welcher man landet, hängt von der Tageszeit ab und davon, wie viel und was Sie essen möchten.
via del porto fluviale 22, www.portofluviale.com, telefon: 06 5743199, geöffnet: so-do 10.30-2.00, fr-sa 10.30-3.00, preis: pizza 7 €, u-bahn: piramide, bus: via ostiense

Alphabetischer Index

2periodico café	104
40 gradi	69

A
ad hoc	46
agustarello	128
ai monasteri	30
albergo del sole al biscione	11
alfredo & ada, da	65
alle carrette	105
andy lifschutz company	71
antico caffè della pace	66
antico caffè greco	46
ara pacis	42
arcangelo, l'	65
area sacra dell'argentina	79
armando al pantheon	29
art studio café	64
asino d'oro, l'	108
auditorium parco della musica	140
autre chose, l'	31

B
ba'ghetto	86
baccano	27
bar pompi	46
barbara guidi	69
barcaccia-brunnen	41
basilica di massenzio e costantino	121
basilica di santa cecilia	82
basilica di santa maria maggiore	99
basilica di santa maria in trastevere	82
baylon café	86
bb360	12
beehive, the	8
beppe e i suoi formaggi	88
bioparco	52
bocca della verità	124
bottega del cioccolato, la	110
brillo parlante, il	47
bus	14

C
c.u.c.i.n.a.	49
caffè capitolino	109
caffè doria	22
campo de' fiori	92
caracalla-thermen	136
cartoleria pantheon dal 1910	30
casina del lago	45
castroni	69
centrale montemartini	138
charity café	141
chiostro del bramante	66
cimitero acattolico	124
cinema dei piccoli	52
circus	67
circus maximus	123
colors hotel	8
contesta rock hair	112
cravatta su misura, la	91
crypta balbi	79
ctonia	131
cul de sac	66
curia	122

D
da sergio	84
dandy's	131
daphne inn	11
denkmal vittorio emanuele II	112
dess'art	131
diokletiansthermen	99
duecentogradi (200 °)	64

E
eataly	141
engelsbrücke	60
engelsburg	60
enoteca buccone	46

enoteca cavour 313	107	hostaria costanza	84
enoteca provincia romana	108	hostaria romana	24
estremi	111	hotel giulio cesare	11
eur	137		

F

		I	
fafiuché	104	ibiz	88
fahrrad	15	insula del vicus caprarius	20
fata morgana	87		
felice a testaccio	128	**K**	
first hotel, the	12	kami spa	33
fish market	86	kapitolinische museen	101
flughafen	14	kast	131
fori imperiali	102	kokoro	110
fornaio, il	84	kolby	70
forum boarium	124	kolosseum	102
forum romanum	119	konstantinsbogen	119

L

la bottega del caffè	107
la stanza della musica	50
lasagnam	24
leone limentani	89
libreria borghese	49

G

galleria alberto sordi	33
galleria borghese	39
galleria corsini	82
galleria doria pamphilj	22
galleria nazionale d'arte gaudeo	108
galleria nazionale d'arte moderna e contemporanea	39
gelateria del teatro	67
gelato di san crispino, il	24
gente outlet	69
giardini del quirinale	33
giardino degli aranci	132
giardino del pincio	52
ginger	45
giolitti	28
globe theatre roma	52
goccetto, il	84
grappolo d'oro zampanò	84

M

macro testaccio	127
margutta ristor arte, il	48
mark-aurel-säule	21
marmi, ai	86
materie	30
mausoleo di augusto	41
maxelâ	28
maxxi	136
mercato di campagna amica	132
mercato di testaccio	133
mercato rionale	72
metro	14
mia	50
mimì e cocò	66
minerva roof garden	27
mondo arancina	64

H

haus der vestalinnen	122
hi-res	47

monte testaccio	127	parco adriano	72
moretti	131	parco degli acquedotti	139
moriondo e gariglio	30	pastificio	46
motorroller	15	pecorino	128
multisala barberini	33	petersdom	59
museo del louvre, il	88	petersplatz	59
museo ebraico di roma	81	piazza dei cavalieri di malta	132
museo nazionale etrusco di villa giulia	39	piazza del campidoglio	101
		piazza del popolo	42
		piazza del quirinale	20
N		piazza della repubblica	99
nachtbus	14	piazza di spagna	41
no.au	67	piazza mattei	80
nou, le	110	piazza navona	62
		piccola maison, la	11
O		pierrot le fou	108
occhio al vicolo	91	pifebo vintage shop	110
old soccer	50	pigneto	140
olfattorio	50	pizzeria nuovo mondo	129
ombre rosse	87	porta portese	138
open baladin	86	porto fluviale	141
osteria dell'ingegno	27	pyramide	124
ostia antica	138		
		Q	
P		quattro fontane	19
palatin	119		
palatium	45	**R**	
palazzetto, il	45	rachele	88
palazzo altemps	62	rec23	129
palazzo barberini	19	relais palazzo taverna	12
palazzo del quirinale	20	relais trastevere	11
palazzo di giustizia	60	retrò	70
palazzo doria pamphilj	22	roscioli	85
palazzo farnese	79	roseto comunale	132
palazzo massimo	99	rosso	128
palazzo spada	79		
palazzo valentini	112	**S**	
palazzo venezia	101	s.b.u.	70
palombini espozioni	24	salotto 42	27
panella	104	san carlo alle quattro fontane	19
pantheon	23	san clemente	102

san giovanni in laterano	136
san lorenzo	140
san luigi dei francesi	22
san pietro in vincoli	100
san teo	128
sanacafé	64
sant'agnese in agone	62
santa maria del popolo	43
santa maria della concezione	19
santa maria in trastevere	82
sant'andrea al quirinale	20
sant'andrea delle fratte	41
sant'eustachio il caffè	28
sant'ignazio di loyola	22
santissimo nome di gesù	80
scala santa	136
sermoneta gloves	49
shuttle bus	14
sixtinische kapelle	60
smalto	110
sopra minerva	22
straßenbahn	14
synagoge	81

T

taverna dei fori imperiali, la	105
taverna pretoriana	104
taxi	14
tazza d'oro	28
teatro di marcello	80
teatro valle occupato	72
tempel der vesta	122
tempel des antoninus und der faustina	121
tempel des julius cäsar	122
tempietto del bramante	82
testaccio	141
tiberinsel	92
trajanssäule	101
trajansmärkte	101
trattoria sul tetto	64
tre scalini, ai	108
trevi-brunnen	20
trinità dei monti	41
triton-brunnen	19
triumphbogen des septimius severus	122
triumphbogen des titus	121

U

urbana 47	104
utilefutile	70

V

vatikanische gärten	72
vatikanische museen	60
via appia antica	138
via dei condotti	49
via del quirinale	33
via giulia	92
via margutta	53
via monserrato	92
via sacra	121
vierströmebrunnen	62
villa borghese	52
villa farnesina	83
vino al vino, al	107
volpetti	131

Z

zazà	27
zou zou	70
zug	14

Thematischer Index

SEHENSWÜRDIGKEITEN

ara pacis	42
area sacra dell'argentina	79
basilica di massenzio e costantino	121
basilica di santa cecilia	82
basilica di santa maria maggiore	99
basilica di santa maria sopra minerva	22
bocca della verità	124
caracalla-thermen	136
centrale montemartini	138
cimitero acattolico	124
circus maximus	123
crypta balbi	79
curia	122
diokletiansthermen	99
engelsbrücke	60
engelsburg	60
eur	137
fori imperiali	102
forum boarium	124
forum romanum	119
galleria borghese	39
galleria corsini	82
galleria doria pamphilj	22
galleria nazionale d'arte moderna e contemporanea	39
haus der vestalinnen	122
insula del vicus caprarius	20
kapitolinische museen	101
kolosseum	102
konstantinsbogen	119
macro testaccio	127
mark-auerel-säule	21
mausoleo di augusto	41
maxxi	136
monte testaccio	127
museo ebraico di roma	81
museo nazionale etrusco di villa giulia	39
ostia antica	138
palatin	119
palazzo altemps	62
palazzo barberini	19
palazzo del quirinale	20
palazzo di giustizia	60
palazzo doria pamphilj	22
palazzo farnese	79
palazzo massimo	99
palazzo spada	79
palazzo venezia	101
pantheon	23
parco degli acquedotti	139
petersdom	59
petersplatz	59
piazza del campidoglio	101
piazza del popolo	42
piazza del quirinale	20
piazza della repubblica	99
piazza di spagna	41
piazza mattei	80
piazza navona	62
porta portese	138
pyramide	124
quattro fontane	19
san carlo alle quattro fontane	19
san clemente	102
san giovanni in laterano	136
san luigi dei francesi	22
san pietro in vincoli	100
sant'agnese in agone	62
santa maria del popolo	43
santa maria della concezione	19
santa maria in trastevere	82
sant'andrea al quirinale	20
sant'andrea delle fratte	41
sant'ignazio di loyola	22
santissimo nome di gesù	80
scala santa	136
sixtinische kapelle	60
synagoge	81

teatro di marcello	80
tempel des antoninus und der faustina	121
tempel des julius cäsar	122
tempietto del bramante	82
tempio der vesta	122
trajansmärkte	101
trajanssäle	101
trevi-brunnen	20
trinità dei monti	41
triton-brunnen	19
triumphbogen des septimius severus	122
triumphbogen des titus	121
vatikanische museen	60
via appia antica	138
via sacra	121
vierströmebrunnen	62
villa farnesina	83

ESSEN & TRINKEN

2periodico café	104
ad hoc	46
agustarello	128
alfredo & ada, da	65
alle carrette	105
antico caffè della pace	66
antico caffè greco	46
arcangelo, l'	65
armando al pantheon	29
art studio café	64
asino d'oro, l'	108
ba'ghetto	86
baccano	27
bar pompi	46
baylon café	86
brillo parlante, il	47
caffè capitolino	109
caffè doria	22
casina del lago	45
chiostro del bramante	66
circus	67
cul de sac	66
da sergio	84
duecentogradi (200°)	64
enoteca buccone	46
enoteca cavour 313	107
enoteca provincia romana	109
fafiuché	104
fata morgana	87
felice a testaccio	128
fish market	86
fornaio, il	84
gaudeo	107
gelateria del teatro	67
gelato di san crispino, il	24
ginger	45
giolitti	28
goccetto, il	84
grappolo d'oro zampanò	84
hi-res	47
hostaria costanza	84
hostaria romana	24
la bottega del caffè	107
lasagnam	24
margutta ristor arte, il	48
marmi, ai	86
maxelâ	28
mimì e cocò	66
minerva roof garden	27
mondo arancina	64
no.au	67
ombre rosse	87
open baladin	86
osteria dell'ingegno	27
palatium	45
palazzetto, il	45
palombini espozioni	24
panella	104
pastificio	46
pecorino	128
pierrot le fou	108

pizzeria nuovo mondo	129
rec23	129
roscioli	85
rosso	128
salotto 42	27
san teo	128
sanacafé	64
sant'eustachio il caffè	28
taverna dei fori imperiali, la	105
taverna pretoriana	104
tazza d'oro	28
trattoria sul tetto	64
tre scalini, ai	108
urbana 47	104
vino al vino, al	108
zazà	27

SHOPPEN

40 gradi	69
ai monasteri	30
andy lifschutz company	71
autre chose, l'	31
barbara guidi	69
beppe e i suoi formaggi	88
bottega del cioccolato, la	110
c.u.c.i.n.a.	49
cartoleria pantheon dal 1910	30
castroni	69
cravatta su misura, la	91
ctonia	131
dandy's	131
dess'art	131
estremi	111
gente outlet	69
ibiz	88
kast	131
kokoro	110
kolby	70
la stanza della musica	50
leone limentani	89
libreria borghese	49
materie	30
mia	50
moretti	131
moriondo e gariglio	30
museo del louvre, il	88
nou, le	110
occhio al vicolo	91
old soccer	50
olfattorio	50
pifebo vintage shop	110
rachele	88
retrò	70
s.b.u.	70
sermoneta gloves	49
smalto	110
utilefutile	70
via dei condotti	49
volpetti	131
zou zou	70

ROM LIVE

bioparco	52
campo de' fiori	92
cinema dei piccoli	52
contesta rock hair	112
denkmal vittorio emanuele II	112
galleria alberto sordi	33
giardini del quirinale	33
giardino degli aranci	132
giardino del pincio	52
globe theatre roma	52
kami spa	33
mercato di campagna amica	132
mercato di testaccio	133
mercato rionale	72
multisala barberini	33
palazzo valentini	112
parco adriano	72
piazza dei cavalieri di malta	132
roseto comunale	132
teatro valle occupato	72

tiberinsel	92
vatikanische gärten	72
via del quirinale	33
via giulia	92
via margutta	53
via monserrato	92
villa borghese	52

HOTELS

albergo del sole	11
bb360	12
beehive, the	8
colors hotel	8
daphne inn	11
first hotel, the	12
hotel giulio cesare	11
piccola maison, la	11
relais palazzo taverna	12
relais trastevere	11

AUSGEHEN

auditorium parco della musica	140
charity café	141
eataly	141
pigneto	140
porto fluviale	141
san lorenzo	140
testaccio	141

UNTERWEGS

bus	14
fahrrad	15
flughafen	14
moped	15
nachtbus	14
shuttle bus	14
straßenbahn	14
taxi	14
u-bahn	14
zug	14

Impressum

Dieser 100%-Cityguide wurde mit größter Sorgfalt zusammengestellt. mo media ist nicht verantwortlich für eventuelle inhaltliche Fehler. Anmerkungen und/oder Kommentare können Sie gern an **mo media GmbH, Elisabethkirchstraße 17, 10115 Berlin** oder **info@momedia.com** richten.

autoren
Tessa Vrijmoed (Aktualisierung), Irene de Vette, Sofie Demuynck, Silke Buhr

fotografie
Marjolein den Hartog, Fiona Ruhe, Vincent van den Hoogen, Francesca Pirzio Biroli, Renate Reitler

übersetzung
bookwerk GbR Köln/München (Aktualisierung), Textcase

lektorat
Caroline Kazianka (Aktualisierung, für bookwerk), Ulrike Grafberger

schlussredaktion
Annette Steger, Anna M. Schmidt, mo media

konzeptgestaltung
Studio 100%

gestaltung & lithografie
MasterColors MediaFactory

kartografie
Van Oort Redactie en Kartografie

100% Rom
ISBN 978-3-95831-005-6

© mo media GmbH, Berlin, aktualisierte Neuausgabe März 2015

Alle Rechte vorbehalten. Kein Teil dieser Ausgabe darf ohne vorherige schriftliche Einwilligung des Verlages in irgendeiner Form reproduziert oder unter Verwendung elektronischer Systeme verarbeitet, vervielfältigt oder verbreitet werden.

100% CITYGUIDES

100% TRAVELGUIDES

Ausführliche Informationen zum 100% Programm finden Sie auch auf unserer Homepage unter **www.100travel.de**

Meine 100% Geheimtipps (Notizen und Ideen)

Folgen Sie uns auf und teilen Sie Ihre eigenen 100% Tipps!
Mehr zu 100% unter: **www.100travel.de**